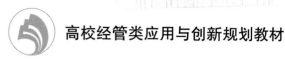

高校经管类应用与创新规划教材

开放式基金绩效评价理论与实务

The Theory and Practice of Open-end Funds Performance Evaluation

主编　彭伟

WUHAN UNIVERSITY PRESS
武汉大学出版社

图书在版编目（CIP）数据

开放式基金绩效评价理论与实务/彭伟主编 . —武汉：武汉大学出版社，2022.7

高校经管类应用与创新规划教材

ISBN 978-7-307-22364-6

Ⅰ.开⋯　Ⅱ.彭⋯　Ⅲ.投资基金—经济评价—研究—中国
Ⅳ.F832.51

中国版本图书馆 CIP 数据核字（2021）第 099071 号

责任编辑：詹　蜜　　责任校对：李孟潇　　版式设计：马　佳

出版发行：**武汉大学出版社**　（430072　武昌　珞珈山）
　　　　　（电子邮箱：cbs22@whu.edu.cn　网址：www.wdp.com.cn）
印刷：武汉邮科印务有限公司
开本：720×1000　1/16　印张：7　字数：114 千字　插页：2
版次：2022 年 7 月第 1 版　　2022 年 7 月第 1 次印刷
ISBN 978-7-307-22364-6　　定价：28.00 元

作者简介 ————————————————————

　　彭伟，男，汉族，江西抚州人，博士毕业于华中科技大学经济学院，2011—2015年获博士研究生全额奖学金，2015年获中原地产奖学金，研究方向为金融风险管理。现为中南财经政法大学金融学院教师，硕士生导师，主持多项教育部人文社会科学基金和中央高校基本科研基金项目，参与多项国家自然科学基金项目，已在国家自然科学基金A类期刊《中国管理科学》《系统工程理论与实践》《管理工程学报》《系统管理学报》和国际SSCI期刊 *International Review of Economics & Finance*、*Economic Modelling* 等发表多篇文章。

前　言

1999—2000年我国的基金获得一次发展高峰，同时对证券市场产生了很大的影响。基金逐渐吸引了投资者的视线，各研究机构也开始加大对基金的研究力度。最初，金融机构对基金的研究主要集中在基金重仓股、开放式基金投资理念等方面，其间虽然有许多机构作过基金业绩评价方面的研究，但并没有形成市场影响力。

2001年以后，研究者逐渐重视对开放式基金的研究，许多券商研究部门成立专门的开放式基金研究小组，基金研究小组人员进行基金研究的重点是开放式基金业绩评价。开放式基金(Open-end Funds)又称共同基金，是指基金发起人在设立基金时，基金单位或者股份总规模不固定，可视投资者的需求，随时向投资者出售基金单位或者股份，并可以应投资者的要求赎回发行在外的基金单位或者股份的一种运作方式。通过发行基金份额来筹集资金，然后再把资金交由专业的基金管理人来进行投资运作，并且在开放式基金存续期，份额可以在规定的时间和场所进行申购和赎回，方式比较灵活，体制为风险共担、收益共享。

目前在国内，开放式基金业绩评价还只是处于研究和试验阶段，远远没有达到形成一个金融业主流的态势，评价方法也还需要逐步完善。开放式基金的绩效评价对投资者和基金管理者有非常大的参考意义，比如基金和投资目标与范围的贴合度，基金经理的投资方式是否和宣传的一致，是否继续投资给该基金经理，基金经理的投资风险绩效是否合适，基金经理的投资策略是否过于激进或者过于保守。

开放式基金绩效评价的作用和重要性主要体现在以下几个具体方面：

1. 形成有效的激励机制，培养优秀基金管理人

目前我国大部分的基金管理人只有一定的选股择时能力，这种能力并不是非

常显著。假如只是以眼前利益为目标，损害长远的利益，损害投资者的利益，那么基金管理人虽然得到了眼前的利益，但是对于基金公司的长远发展是非常不利的。所以建立一个有效的激励机制，公正的评判基金管理人的能力是非常重要的。

2. 基金绩效评价对投资者的参考意见

根据此意见能更加准确地判断各个基金的收益率绩效，同时各个基金经理人的选股择时能力也会在绩效评价中显示出来。

3. 对监管部门的意义

监管部门可以根据各个基金绩效评价的结果重点审查基金管理公司绩效差的原因，对于报表弄虚作假及管理不善的基金管理公司进行处罚，并且敦促各个基金管理公司公开、公平地披露信息，严格监督，建立一个稳定有序公平竞争的市场。

现在中国开放式基金市场上的品种主要有成长型基金、收益型基金、指数型基金和混合型基金。虽然目前这些品种满足了不同投资者的需求，但是同欧美国家的基金市场还是有很大的差距，产品种类不够丰富，对投资者披露的绩效评价信息不够完善，基金公司和投资者之间处于信息不对称的状态，希望可以通过普及开放式基金绩效评价的相关知识，来满足不同投资者和监管部门的需求，促进开放式基金市场的繁荣。

目　　录

第一章　开放式基金概述

一、开放式基金简介

(一)证券投资基金简介

基金广义是指为了某种目的而设立的具有一定数量的资金，根据不同标准，可以将证券投资基金划分为不同的种类：

(1)根据基金单位是否可增加或赎回，可分为开放式基金和封闭式基金。开放式基金不上市交易(视情况而定)，通过银行、券商、基金公司申购和赎回，基金规模不固定；封闭式基金有固定的存续期，一般在证券交易场所上市交易，投资者通过二级市场买卖基金单位。

(2)根据组织形态的不同，可分为公司型基金和契约型基金。基金通过发行基金股份成立投资基金公司的形式设立，通常称为公司型基金；由基金管理人、基金托管人和投资人三方通过基金契约设立，通常称为契约型基金。我国的证券投资基金均为契约型基金。

(3)根据投资风险与收益的不同，可分为成长型、收入型和平衡型基金。

(4)根据投资对象的不同，可分为股票基金、债券基金、货币市场基金、期货基金等。

(二)开放式基金和封闭式基金简介

按照基金是否可以增加或赎回，开放式基金和封闭式基金共同构成了基金的两种基本运作方式。

开放式基金(Open-end Funds)又称共同基金,是指基金发起人在设立基金时,基金单位或者股份总规模不固定,可视投资者的需求,随时向投资者出售基金单位或者股份,并可以应投资者的要求赎回发行在外的基金单位或者股份的一种基金运作方式。通过发行基金份额筹集资金,然后再把资金交由专业的基金管理人进行投资运作,并且在开放式基金存续期,份额可以在规定的时间和场所进行申购和赎回,方式比较灵活,体制为风险共担,收益共享。

封闭式基金是指基金规模在发行前已确定、在发行完毕后的规定期限内固定不变并在证券市场上交易的投资基金。由于封闭式基金在证券交易所的交易采取竞价的方式,因此交易价格受到市场供求关系的影响而并不必然反映基金的净资产值,即相对其净资产值,封闭式基金的交易价格有溢价、折价现象。国外封闭式基金的实践显示其交易价格往往存在先溢价后折价的价格波动规律。从我国封闭式基金的运行情况看,无论基本面状况如何变化,我国封闭式基金的交易价格走势也始终未能脱离先溢价、后折价的价格波动规律。

(三) 开放式基金和封闭式基金的区别

(1)基金规模的可变性不同。封闭式基金均有明确的存续期限(我国期限为:不得少于5年),在此期限内已发行的基金单位不能被赎回。虽然特殊情况下此类基金可进行扩募,但扩募应具备严格的法定条件。因此,在正常情况下,基金规模是固定不变的。而开放式基金所发行的基金单位是可赎回的,而且投资者在基金的存续期间内也可随意申购基金单位,从而基金的资金总额每日均处于不断变化中。换言之,它始终处于"开放"的状态。这是封闭式基金与开放式基金的根本差别。

(2)基金单位的买卖方式不同。封闭式基金发起设立时,投资者可以向基金管理公司或销售机构认购;当封闭式基金上市交易时,投资者又可委托券商在证券交易所按市价买卖。而投资者投资于开放式基金时,他们则可以随时向基金管理公司或销售机构申购或赎回。

(3)基金单位的买卖价格形成方式不同。封闭式基金因在交易所上市,其买卖价格受市场供求关系影响较大。当市场供小于求时,基金单位买卖价格可能高于每份基金单位资产净值,这时投资者拥有的基金资产就会增加;当市场供大于求时，基金价格则可能低于每份基金单位资产净值。而开放式基金的买卖价格是以基金单位的资产净值为基础计算的，可直接反映基金单位资产净值的高低。在基金的买卖费用方面，投资者在买卖封闭式基金时与买卖上市股票一样，也要在价格之外付出一定比例的证券交易税和手续费；而开放式基金的投资者需缴纳的相关费用(如首次认购费、赎回费)则包含于基金价格之中。一般而言，买卖封闭式基金的费用要高于开放式基金。

(4)基金的投资策略不同。由于封闭式基金不能随时被赎回，其募集得到的资金可全部用于投资，这样基金管理公司便可据以制定长期的投资策略，取得长期经营绩效。而开放式基金则必须保留一部分现金，以便投资者随时赎回，而不能尽数地用于长期投资，且一般投资于变现能力强的资产。

(四)开放式基金的发展历程

由封闭式基金转向开放式基金的发展规律是世界各国证券投资基金的发展历程。现在全球各国的市场中，在发达国家基金市场上，开放式基金占了90%以上。从基金发展的历史来看，开放式基金大体经过了四个发展阶段：

(1)产生阶段。自1868年第一家公众投资基金外国和殖民地信托(the Foreign and Colonial Government Trust)在英国成立到1924年美国波士顿成立世界上第一只公司型开放式基金——马萨诸塞投资信托基金为止。

(2)初级发展阶段。从1924年至1940年美国《投资公司法》的颁布。

(3)稳步成长阶段。1940年到20世纪80年代。

(4)迅速发展阶段。20世纪80年代至今，全球基金得到迅速的发展。

从开放式基金发展阶段可以看出，自20世纪80年代以来，开放式基金已牢牢占据国际基金业的主流，特别是2001年中国正式加入世界贸易组织后，在明确要求大力发展机构投资者的指导下，开放式基金逐渐成为中国基金业的主流，投资者开始把开放式基金作为重要的投资工具，大量的机构投资者也开始投资开放式基金。

2001年我国第一只开放式基金华安创新设立，从此开放式基金快速发展。根据中国银河证券研究所基金研究中心的统计数据，到2018年12月31日，131家公募基金管理人合计管理基金数量5147只，管理基金资产净值13万亿元，比

2017年年底增加1.39万亿元,增幅达12%。具体来看,开放式基金资产净值合计118832亿元,开放式基金已经取代封闭式基金成为主流。

(五)开放式基金的优势

相对于封闭式基金,开放式基金具有以下几个方面的优势:

(1)市场竞争性强。开放式基金的竞争性与选择性较强,如果基金绩效优秀,服务周到,那么会有更多的投资者来购买这只开放式基金;如果基金不善经营,管理不善,大量的投资者就会在规定的时间和场所赎回基金,那么基金的规模就会减少。这样的对比会激励经理人专心经营,专业管理,使基金管理人承受优胜劣汰的考验,这种机制对于建立一个竞争性的基金市场非常有帮助。

(2)流动性强。基金管理公司必须具备一定的现金资产来应付日常的赎回,因为开放式基金同封闭式基金不同的是随时面临着投资者的赎回,因此基金管理公司在投资证券市场时,也会重视流动性强这个问题。

(3)风险低,透明度高。开放式基金资产净值每日都要公布,准确地衡量出这只基金市场上运作和表现能力。作为基金公司来讲,出于扩大基金的规模和拓宽客户来源与人数,就必须努力运作好产品,争取提高收益率,为投资者提供更加完善的服务;基金经理也可以利用此机会向投资人介绍其管理方法和投资策略,投资人的认同和支持非常重要,从而可以提高基金管理的透明度,规范各种投资手段。

(4)方便投资、服务完善。普通投资者可以在商业银行网点及其他各个代销点购买和赎回开放式基金,非常方便和灵活,并且开放式基金每天都要公布净值,对于基金经理人提出了较高的要求,如果经营不善,那么投资者可以赎回基金,并且转向去购买其他的基金,从而促使基金经理人更好地经营投资。

二、我国开放式基金评价概述

基金评价是通过一些定量指标或定性指标,对基金的风险、收益、风格、成本、业绩来源以及基金管理人的投资能力进行分析与评判,其目的在于帮助投资者更好地了解投资对象的风险收益特征、业绩表现,方便投资者进行基金之间的比较和选择。

基金市场上开放式基金规模的不断扩大，开放式基金种类也变得越来越丰富，每种基金的投资风格和理念也各不相同。

开放式基金市场上目前有股票型基金、货币型基金、债券型基金和指数基金等品种，投资者有了多种选择，这又涉及一个新的问题。投资者面对这么多的品种该如何来抉择呢？怎么选择一只适合自己风险偏好和投资方向的基金呢？又以怎样的标准来评价基金管理公司的水平？解决这一问题的办法就是建立一种体系，这种体系既能为投资者提供决策参考，又能评价基金管理人运作的业绩。

通过对开放式基金管理运作过程、开放式基金业绩表现的分析，做出包括开放式基金收益与风险、基金管理人管理水平与投资才能评定的基金业绩评价体系。评价体系的核心内容是对开放式基金经营绩效的分析，评价开放式基金管理人在多大程度上实现了投资目标，以及判断开放式基金运作的成功程度。

在美国、英国等资本市场发达国家，三大资本市场的绩效评价机构即股票、债券、基金评价机构都有着非常重要的影响。2001年我国才开始有开放式基金，目前我国开放式基金业绩评价的情况是理论研究起步不久，且主要是借鉴西方的先进方法，因此无论从制度方面、评价的市场环境，还是评价的模型方法都需要提高，一个高效率和完善的基金评价体系是非常有意义的。

（1）提供投资者购买开放式基金的标准和科学依据。基金管理公司是专业证券机构投资者，有信息、资金、技术优势，普通的散户投资者不具备基金管理公司在证券的基本分析、技术分析和投资组合分析等方面的能力。但是基金管理公司和投资者存在委托和代理关系，基金管理公司的收益主要来自基金的固定比例的管理费用，而基金的所有者是投资者，并非基金管理公司。基金管理公司通过利益输送以达到自己的利益目的，但可能与投资者的利益不相符合，这就存在基金管理公司损害投资者利益行为的可能性。若没有对基金管理者的一种约束机制，没有一种优胜劣汰的体制，没有比较认可的绩效评价机制，那么就会助长不法行为和内幕交易。基于此，通过对投资基金业绩进行科学合理的绩效评价有助于建立约束机制，增强监督，改善上述存在的各种问题。

（2）提供借鉴给基金管理公司。在中国，基金管理公司向投资者收取的管理费是按基金净值的一定比例提取的，并没有考虑到所承担的风险因素，也就是没有考虑到风险绩效问题。在证券市场上，获得高收益的同时必须承担高风险，而基金公司的管理费收益只与净值挂钩，会导致基金经理大规模投资于高风险的证券。在没有达到一定业绩之前，基金管理人员只能获得固定的工资，如果基金管理人员要提高报酬的话，只有将基金净值相应的提高，这就极大地激励了基金管理人员过度投资于风险证券的行为，特别是当收益下降的时候，基金经理就有增加高风险的动机从而获得大量收入的行为，从长远看，这种做法会损害基金投资者的利益。

（3）为证监会提供了新的基金发展方向。证监会通过对基金业绩的研究，可以掌握各个基金的业绩表现，统一发布各个基金的绩效排行，据此来分析基金业中存在的问题，并相应改善基金业发展中政策和法律环境，更好实现对市场监管力度，促使市场健康运作。

三、国内外开放式基金评价研究理论述评

（一）三大经典指数，T-M 和 H-M 模型

1. 国外三大经典指数，T-M 和 H-M 模型相关文献的研究

基金风险收益评价的三大经典指标是 Treynor 指数、Sharpe 指数和 Jensen 指数。

（1）特雷诺指数（Treynor）：1965 年在《如何评价投资基金的管理》论文中，杰克·特雷诺第一次提出了这个指数，假设条件是单一资产的非系统性风险被有效地投资组合消除了，那么，就可以用系统风险来衡量基金风险。特雷诺指数就是单位系统风险的超额收益，等于基金的超额收益除以系统风险，即单位系统风险的价值。特雷诺指数越大，基金的绩效越好。

（2）夏普指数（Sharpe）：1966 年在《共同基金的业绩》一文，威廉·夏普在特雷诺指数的基础上提出了夏普指数，即用超额收益与基金总风险的比值来衡量基金绩效问题，超额收益就是期间内样本基金的平均收益率大于无风险收益率部分，基金总风险用该基金收益率的标准差来表示。与特雷诺指数一样，夏普指数

越大表示基金绩效越好。

（3）詹森指数（Jensen）：在 1968 年，经济学家詹森提出了一个衡量基金绩效的指标，该指标是一个根据资产资本定价模型的风险调整差异的指标，其构造一个消极投资组合，这个组合由市场组合和无风险资产构成，并且这个组合与要评价基金有相同系统风险。接着将基金的实际收益计算出来，然后与此消极组合的收益做对比，二者之差可作为绩效评价之标准，即如果两个值相等，则表明投资组合应有相同的超额收益，如果投资组合小于要评价的基金，那么这个要评价的基金的绩效较好。

特雷诺指数、夏普指数和詹森指数的研究成果发表之后，很多学者对此做进一步的发展。佛仍德（Friend）、克罗托（Crockett）和布鲁姆（Blume）等（1970）分别用纽约证券交易所市值加权指数和纽约证券交易所等权重指数进行实证检验，结果显示前者基金的 α 值为+2.98%，后者 α 值仍然大于 0，只不过幅度比较小。

Roll（1977，1978）则从资本资产定价模型的有效性对 Jensen 指数适用情况提出了质疑，McDonald（1974），Mains（1977），Jen 和 Shawky（1982）等人的实证研究结论与 Jensen，Sharpe 等的研究结论完全相反。

市场选择能力是评估基金经理人对证券市场的选择判断能力的指标，即当市场前景较好时，管理者能否抓住这个机会，增加风险资产的权重，减轻安全资产的权重来获得较高的收益；当市场不好时，管理者增加安全资产的比重，减轻风险资产的比重来避免遭受较大的损失，这个就是基金管理者的市场时机选择能力。基金公司的钱主要投资于债券市场和股票市场，那么准确判断市场时机选择能力对一个基金管理者来说至关重要，对基金管理公司来讲，也是非常重要的衡量绩效的标准。

1966 年，由美国学者玛泽与特雷诺提出独特的研究模型，并依据此模型第一次对基金的择时选股能力进行实证研究，结论是加入一个二次项后，在基金绩效评估中即可准确评估投资基金的选股择时能力。莫顿和亨里克森在 1981 年创造性地提出了 H-M 模型。H-M 模型的思想是在市场处于牛市时，大势较好，β 值也会偏大，获得更大的收益；如果市场处于熊市，大势比较不好的时候，β 值偏小，避免遭受市场的更大损失。

后来的许多学者都对此进行了进一步的研究，包括 Veimasit 和 Cheney

(1982)，Chang 和 Lewellen(1984)，Henriksson(1984)等人的研究，表明基金不存在证券选择能力，同时表明基金经理人没有选股能力，这也从侧面表明了市场是有效市场的理论，这些研究都进一步支持 Jensen 和 Sharpe 的结论。

Lehman 和 Modest(1987)，Grinblatt 和 Titman(1994)对基准组合和各种模型之间的关系进行了检验，发现詹森指数严重依赖多因素的基准组合，受基准组合的影响很大。在此之前，Friend 等人就对多因素的基准组合提出了质疑，因为通过基准 α 值的计算精确不高。

卡斯内(Kothari)和瓦内(Warner)(2003)用一系列的随机组合来代替共同基金实证研究中，市场组合采用 CRSP 市值加权指数，对标准的詹森指数、Fama-French 三因素 α，Carhart 四因素 α 等业绩评价指标进行模拟研究。实证研究表明，如果存在较大的基金回报率，那么这些常用的方法检验不出来。伊兰特(Elton)，茹贝尔(Gruber)和布雷克(Blake)(2007)分析和比较了美国最常用的数据库——CRSP 和晨星基金数据库。他们对 CRSP 基金库中的数据进行了仔细的检查，发现 CRSP 共同基金数据库有所有的基金的种类，但是存在一个很严重的问题，就是其中缺失了大量的基金的收益率数据。这就使得收益率数据特征不符合总体的特征，存在较大的误差。同时，他们还发现，CRSP 共同基金数据库数据和晨星基金数据库有许多不一样的数据。这也从一个侧面说明了基金数据库本身存在的问题会对基金绩效评价的精确度产生不确定的影响。

2. 国内三大经典指数，T-M 和 H-M 模型相关文献的研究

国内史代敏(2000)利用三大经典指数和平均收益率对我国 10 只封闭式基金进行实证研究，结果表明基金市场收益率较高，超过了市场的平均水平。苏美红、叶世绮(2004)除利用三大经典指数外还进行了 T-M 实证研究，结果表明基金经理人选股能力强，而预测市场走势相对较弱。杜金岷、廖仁英(2006)运用的指标非常齐全，运用了三大经典指数、H-M 和 T-M 模型对我国基金进行实证研究，结论是我国基金的收益超过了市场收益，但是我国基金经理人的选股择时能力比较差。杨宁(2008)对我国 10 只开放式基金进行实证研究，运用的方法是特雷诺指数、詹森指数、夏普指数和平均收益率指标，表明不是所有的基金都超过市场平均收益率，只有大概 70% 的基金高于市场平均收益。魏立波(2010)选择

合适的 T-M 模型对 41 只样本开放式基金的择时与选股能力进行了实证研究。结果表明，样本开放式基金的超额收益主要是承担股票市场系统性风险而获得的超额收益。王艳(2015)和张莉莉(2019)构建一个夏普指数序列来进行资产选择，同时考虑多种组合策略。以沪市 A 股市场数据进行样本外实证分析。结果表明，不论市场处于下行还是上行行情，基于高频夏普指数选股方法构建的组合都能得到较高的风险调整收益，并具有较小的风险，同时在最优风险组合下，能得到可观的超额收益。

从上面我国学者的结论可以看出，我国基金市场的收益比较好，很多都超过了市场平均收益，但是这个同有效市场理论是相矛盾的，也同国外学者的研究结论是不同的，说明我国的证券市场还不是有效市场，有待规范，也说明国外发达的资本市场是有效市场的结论。

也有些学者得出了相反的结论，张新、杜书明(2002)采用夏普比率、特雷纳指数和詹森指数，研究结果表明，并没有发现中国的基金收益超过了市场收益，并且中国基金经理人的选股择时能力都不是很好。晏艳阳、刘振坤、席红辉(2003)采用 2000—2002 年的数据进行实证研究，研究表明绝大部分基金的业绩未能超过市场。班耀波(2004)运用三大经典指数进行实证得出基金的周收益率低于时常基准组合。

总结以上学者的观点来看，基于不同的样本区间和不同的实证模型与方法，国内学者的研究得到了不尽相同的结论。关于基金总体业绩评价，有部分学者认为中国基金业能战胜市场基准，而另有一部分学者持相反意见；关于基金股与择时能力，大部分学者认为中国基金经理人无择时能力，但对选股力则持有两种相反意见；关于基金业绩综合评价，有部分学者利用简单加权法、因子分析法、遗传算法进行了初步尝试。

(二)RAROC 对我国基金评价的研究理论现状

通过 RAROC 对我国基金绩效的评价研究主要从收益和计算 VaR 两个方面去考虑。VaR 在金融方面的观念真正被明确提出及确定下来，是在 1993 年 Group of Thirty, Derivatives：Practices and Principles 报告中被提出。面对众多不同的风险和不同期限的风险，VaR 可以给出一个确定的值或是一个组合来度量这些所有的市场风险，比其他方法来讲简单并且直观。但是 VaR 也有缺陷，Mauser 和 Rosen (1999)等指出，在某些情况下，VaR 构造函数来度量风险时，会产生一个问题，也就是说这个函数极有可能不只有一个极值，这就对风险价值的度量有非常大的影响。Yamai 和 Yoshiba(2002)进一步指出如果市场的运动波动比较大，那么损失极有可能超过 VaR 值，如果出现这种情况，VaR 同样没有有效地覆盖住风险，一样会导致金融机构没有很好地控制风险，这对风险管理是非常不利的。VaR 的进一步发展就是 CVaR。CVaR 方法的产生还离不开全球金融业的大背景。近年来，金融市场的波动较大，金融事件屡屡发生，并且还有些较大的金融机构忽然间倒闭的事件，这对于风险管理提出了较高的要求。1999 年 9 月 5 日，R. Tyrrell Rockafeller 与 Stanislav Uryasev 发布文章 Optimization of Conditional Value-at-Risk，描述了一种投资组合优化的新方法，称为 Conditional Value-at-Risk(CVaR)，还首次提出了 CVaR 的概念。在文章里首次给出了 CVaR 概念，具体说明了 CVaR 的方法和思路，以 CVaR 为核心构造投资组合，并且论证了当收益率为正态分布时的具体计算思路。随后的几篇关于 CVaR 的文章，基本上都是在这个框架下展开的，如 Gordon J. Alexander 和 M. Baptista 讨论了针对某投资组合的 CVaR 约束和 VaR 约束，将两者进行了比较。

Anderson，Helmut Mausser，Dan Rosen 和 Stanislav Uryasev 为了模拟债券的收益率，在信用风险度量采用 CVaR 方法，并且随机数采用蒙特卡罗模拟方法产生，运用 CVaR 做约束条件。至此，CVaR 运用领域从市场风险方面过渡到了其他各个方面，如信用风险度量等。Acerbi (2001)和 Tasche (2002)第一次给出了 ES 的定义，ES 为一致性测度，而 CVaR 也为一致性测度，说明 ES 和 CVaR 在某些情况下是一样的。继该篇文章之后，Landsman，Zinoviy 和 Emiliano (2002)将 CVaR 的运用引入投资组合，这就成为通过 CVaR 做约束条件，求解最优条件解的问题，并且进行了股票市场的 CVaR 值实证研究。这两篇文章基本建立起了 CVaR 模型体系。

我国学者对三种经典指数和 RAROC 进行了实证比较，孟凡强(2005)综合运用三大经典指数特雷诺、詹森、夏普和 RAROC 做了实证比较，结果显示 RAROC 比三大经典指数更加准确地衡量了基金的风险绩效。陈鹏(2006)指出收益率高的基金，风险绩效未必很高，因为高收益极有可能是以高风险换来的，并且当非系统风险被充分分散的时候，那么这些方法得出的结论都是一致的了。胡宗义、张杰(2007)从另外一个角度来衡量风险问题，当基金净值下跌时的状况，RAROC比三大经典指数更有优势，投资者作出决策时应多加参考RAROC。

惠晓峰、迟巍(2002)首次运用RAROC进行实证分析，表明了这种方法与我们原来所用的传统方法大不相同。赵振全、李晓周(2006)在开放式基金收益率方面引入了GARCH模型，结论表明对开放式基金绩效评价要综合考虑RAROC和VaR指标，这样衡量风险绩效更为准确。周泽炯(2006)进一步拓展了赵振全和李晓周的方法，引入了GED分布和t分布来模拟收益率残差系列，结果显示GED分布更能准确地衡量基金的分布状况。钱谱丰、李凯(2007)则主要从风险方面进行了实证研究，通过相关收益率和分布的计算得出了基金的非系统性风险没有被充分的分散，即基金中不仅系统风险，连非系统风险都没有很好的控制；朱晓云(2008)从计算VaR的方面对基金数据进行了实证分析，表明如果收益率不服从正态分布，有明显的高峰厚尾现象，那么计算出来的VaR是会有误差的。刘振华、谢赤(2012)从最大化商业银行的风险调整资本收益(RAROC)出发，构建授信额度确定模型。在此基础上，运用沪深两市上市商业银行以及其他上市公司2010年的相关数据对上述模型进行检验。黄纪宪、顾柳柳(2014)结合中国实际，提出基于RAROC的定价思路，并从信用风险和客户回报等方面对定价模型进行改进，构建基于客户关系的RAROC定价模型。高侯平(2018)采用满足风险度量一致性要求的TailVaR方法定量估算11家国内系统重要性保险机构应当具备的经济资本数量，测度各保险公司RAROC衡量其经营绩效及运作效率。戴豫升(2020)系统阐述了"资金、资本、资产"三者相互制约和影响的逻辑传导链条，并基于券商RAROC模型实证分析了各家机构的价值创造情况，进而提出树立理念、明晰职责、效益优先、资本约束、传导压力等资产负债管理建议。

国内对CVaR的研究开始于2002年，在系统工程理论方法应用上，陈金龙和张维(2002)发表了《CVaR与投资组合优化统一模型》一文，这篇文章详细地介绍了CVaR的定义、背景及CVaR运用在投资组合上的模型。接下来刘晓星(2006)把CVaR同VaR进行了比较，揭示了CVaR相对于VaR的优点，并且构建了一个组合，这个组合是用CVaR进行度量风险和约束投资限额的，这就相当于为投资建立了一种新的方法。

　　CVaR 的深入研究是一个重要的课题，黄向阳、陈学华、杨辉耀（2004）首先从股票市场上运用历史数据来计算均值 CVaR，并对此进行了实证研究。刘莹（2006）指出边际 CVaR，成分 CVaR 和增量 CVaR 是组合 CVaR 的有益补充，并用股票进行了实证研究。李金华（2007）提出的 WCVaR 方法和加权 CVaR 方法，它们都是对 CVaR 方法的有力补充，而加权 CVaR 方法则可以成功度量具有不确定退出时间的投资组合优化模型。庄新田、姜硕（2009）基于 CVaR 模型，以货币市场工具、中长期国债和金融债、可转债及股票 4 类投资工具为约束条件，构建了企业年金基金投资的资产配置模型。杜红军、王宗军（2013）以 CVaR 最小化为目标函数，建立基于静态和动态 Copula-CVaR 的最优套保比率度量模型，结果表明，考虑套保费用时，应选择简单易行的静态套保策略，即使市场条件相同，也应据自身的费用情况选择最优套保策略。张清叶（2017）对选定的风险资产进行组合投资，以条件风险价值（CVaR）作为度量风险的工具，建立单期投资组合优化问题的 CVaR 模型。黄东宾、周丹丹、汪涌（2019）从股票多维特征因子中选择有效因子，融合形成最大化有效因子综合偏好强度（IPS）的附加理性，构建并验证 IPS-均值-CVaR 投资组合优化模型。迟国泰、向俊（2020）从全部贷款组合整体风险和风险分散度两个角度，构建了基于 CVaR 和改进熵的全贷款组合优化模型。通过在比例熵中引入调整系数，构建改进熵来衡量全部贷款组合的分散化程度，改进了比例熵约束必须给予每个企业一定贷款权重而造成过度分散化的弊端，使得全部贷款组合分散化的衡量更加合理。

　　对于绩效评价方面，刘俊山（2007）对 VaR 和 CVaR 做了较全面的比较分析，指出 CVaR 在连续性和准确衡量风险方面要优于 VaR。方毅、张屹山（2007）指出在正态分布的情况下，CVaR 与 VaR 对于绩效评价都是充分的、可靠的、有效的，且两者是等价的。赵树然、任培民、赵昕（2013）通过整合基于高频数据的 CARR 模型和非参数的极值理论 EVT，实现对 VaR 和 CVaR 的动态估计。卢强、胡锐（2015）从微观层面，总结了对冲基金的特点和最新发展趋势，强调了对对冲基金下行风险进行管理的重要性。在此基础上选择基于 GED-EGARCH 模型，对对冲基金下行风险测度的 VaR 和 CVaR 值进行比较分析，结果显示 CVaR 更加准确。黄金波（2018）用条件 VaR 和条件 CVaR 的非参数核估计法，对我国 A 股市场的风险进行测算。结果得出，条件 CVaR 比条件 VaR 更能揭示出深证成指和上证综指之间的不同风险特征。吴鑫育、李心丹、马超群(2020)利用高频数据信息和已实现 GARCH 模型对沪深股市进行分析，结果表明在极端风险情形下的 CVaRx 比 VaR 估计精确性更高，凸显了 CVaR 在市场风险管理中的价值。

所以本书以 CVaR 来度量风险，将 CVaR 引入 RAROC 模型中，建立一个有风险约束的使得 RAROC 最大的投资组合优化模型，并对此模型进行实证研究，验证它的有效性。

思考题：

1. 开放式基金和封闭式基金有哪些区别？
2. 开放式基金有哪些优势？
3. 开放式基金的评价方法主要有哪些？

第二章 国内外基金业绩评价体系

一、美国的基金评价体系

海外基金评级自然以美国的评级为主，毕竟美国的金融业全球领先，其多年的专业评级经验十分值得学习和借鉴。具有国际影响力的专业化国外基金评级机构主要有：晨星、标普、理柏、惠誉、机构投资者、金融快报、全球影响力投资、全球投资者、扎克斯投资研究等。其中，最具有影响力并成为全球基金评级参照的三个评级机构分别是晨星、标普和理柏。无论是在定量和定性两个层面，还是在基金产品、基金经理和基金管理公司三个模块，这三个评级机构都经历了长期的探索和实践，并获得了基金评级业界的高度认同。其他基金评级机构虽然不具备上述三者的影响力，并且评级功能模块较为单一偏倚，但却具有个性化的服务功能，能够满足不同专业投资者的不同维度的个性化需求。这主要是由于这类评级机构的服务对象小众化，平台资源有限等。因此，这类评级机构可以满足基金投资者或基金管理者的个性化需求，只是在权威上不及全球主流的晨星、标普和理柏。

另外，晨星和理柏是最早打入中国基金市场的，也是在国内有较大影响力的两个著名国外基金评级公司，业内关注基金评级的金融机构曾在国内各大网络传媒和财经杂志上，经常见到这两家评级公司的基金评价结果。它们的评级体系既有相似之处，也有不同的地方，且各有其核心优势。所以，本章重点针对晨星和理柏这两家全球评级机构的评价体系进行详解。

(一) 晨星公司

晨星公司成立于 1984 年，是一家专业的基金评价咨询公司，目前已经成为世界上最具权威和影响力的基金评级机构。晨星公司于 1985 年首次推出基金评级，借助星级评价的方式，协助投资人更加简便地分析每只基金在同类基金中过往业绩表现。1992 年，晨星创立了基金投资风格箱，将基金细分为成长、价值、混合三种，每种又分为大盘、中盘、小盘，共计 9 个类别。1996 年，晨星公司引入分类星级评价方法对基金进一步细分。2002 年，晨星公司在原有基础上进行改良，启用新的星级评价方法，进一步界定股票成长/价值的指标由市净率、市盈率发展为更加完善的指标分类。晨星基金风格的划分是通过基金历史指标和预期指标来判断基金未来的成长用户价值属性。现在全球最具权威性的基金评价体系是美国晨星评价体系，最完善的基金评价体制也在美国。晨星公司投资分析从基金收益方面将基金分为价值型基金、成长型基金和平衡型基金。具体区分是哪一种类型的基金根据哪些公司指标，也就是说侧重于基本面的分析，如市盈率、市净率及基金分红次数及数量。如果前两家公司指标偏高则表明基金的成长比较快，成长性也较好，一般成长型基金会将盈利用于再投资，所以分红次数及数量会比较少。如果前两家公司指标偏低而后一个指标偏高，则说明为价值型基金。公司指标居中的是平衡型基金。晨星公司现在的评价体系非常完善，满足各种各样不同的需求，并且评价指标齐全且融入了西方一些主流先进的评价理论。这些都是促使晨星公司的评价越来越客观，越能反映基金的真实情况。

美国现在基金市场上大部分基金会有晨星公司的评级，除去运作时间小于 36 个月的基金，因为其运作时间较短，没有太大的评价意义和价值。每一家美国的基金管理公司都非常重视晨星公司的评级，好似股票市场上的标准普尔一样，这是因为晨星多年来完善的服务逐渐赢得了投资者的青睐与信赖，晨星不隶属于任何其他公司，只对基金本身投资作出评价分析，侧重于客观事实，也树立了其权威性的评价结果。

晨星公司通过以下几个独立的评估标准帮助投资者。

1. 评级对象

至计算时点，具备 2 年或 2 年以上业绩数据的开放式基金，但不包括货币市场基金和保本基金。

2. 评级步骤

（1）对基金进行分类。

（2）衡量基金的收益。

（3）计算基金的风险调整后收益 MRAR（Morningstar Risk-Adjusted Return）。

（4）采用星级评价的方式，根据风险调整后收益指标，对不同类别的基金分别进行评级，划分为 5 个星级。

3. 更新频率

晨星基金评级每个月进行一次。

每月初公布上月的评级结果，包括两年评级、三年评级、五年评级和十年评级（由于中国开放式基金的历史相对较短，目前十年评级暂无）。

4. 晨星基金分类

晨星评级主要是反映基金经理的投资管理能力，而要避免受到市场环境或其他基金经理控制能力以外因素的影响。在晨星分类中，由于同一类型的基金资产分布的风险特征是相似的，所以基金之间收益的差异主要与基金经理投资管理能力直接相关，包括选股能力、选时操作和具体的资产配置权重等。

（二）理柏公司

理柏是路透集团旗下的全资附属公司，专为资产管理公司及媒体机构提供独立性全球投资信息。它进入中国市场的时间并不长，而其竞争对手为晨星公司，目前由新浪财经独家发布理柏基金评级情况。

理柏基金中国评级通过下方四个独立的评估标准帮助投资者或投资顾问挑选最适合其投资风格和投资目标的基金。

1. 总回报

在总回报上获优的基金，反映在其所属类别中有较高的总收益，理柏总回报评级可能最适合追求最大历史回报而不考虑风险的投资者。这种衡量标准不适合规避负面风险的投资者。

2. 稳定回报

反映基金相对于同组别中经风险调整后的稳定回报。在稳定回报上获优的基金，反映在其所属类别中有较好的稳定性和风险调整收益，相对于其他同一组别基金可提供较高稳定性和风险调整回报。对于重视基金相对于同组别基金可逐年提供较高稳定回报的投资者而言，稳定回报较高评级的基金是最佳选择。

3. 保本能力

反映基金相对于同一资产类型中的其他基金的抗跌能力。保本能力评级是相对性，而非绝对性的考虑，因此被评为保本能力为 5 星（Lipper Leaders）的基金亦有可能亏损，而且股票类基金和股票平衡类基金较债券类基金更有可能亏损。

在保本能力上获优的基金，证明其较高的保本能力，选择此基金可以帮助投资者尽量减小不利的风险。

4. 费用

反映基金相对于同类销售费用的减少程度。该评级只对股票基金及债券基金中至少有五只个别基金的理柏分类做计算。理柏费用评级可能最适合想要最小化总成本的投资者。它可以与总回报或稳定回报评级相结合，用以确定高于水平的业绩和低于平均水平的成本。

二、中国基金评价体系

基金产品评价是做好资产配置的第一步。以晨星、理柏和标普为核心的海外评级机构，对所有的基金产品进行全面的评价，尤其是晨星的五星级评价体系，已经成为整个行业的标杆。反观国内，基金评级市场并不是一片空白，大大小小的评级机构近年来遍地开花，各类不同的评级模式纷纷涌现，可谓各具特点，但却没有统一的标准，从而导致同一个基金产品在不同评级机构存在排名差异较大的现象，使投资者对一些评价结果较为怀疑、难言信服。总体来说，国内评级机构面临着数据不足、专业性不强、独立性不够的问题。值得一提的是,个别国内的基金评价机构几乎都是将基金产品简单地进行收益率排序,这种做法不仅忽略了背后的风险及资金容量的因素,而且忽视了长期管理能力的考量,这对于基金行业长期规范健康发展也存在较大弊端。

目前,国内开发了较为科学完整的评级体系架构、指标体系和评级方法的机构主要集中在券商研究所、专业财经媒体和第三方销售平台。这主要是由于券商和第三方销售平台作为卖方,在基金研究方面积累了丰富的经验,而财经媒体的天然属性和影响力,也使得其拥有整合各方资源的优势。当然,其他机构的评价体系的创新也是推动基金产业评级进步的一种重要力量。

国泰君安基金评价体系、中信基金评价体系和银河证券基金业绩评价体系是现在国内比较有代表性的评价体系,其中最权威的是中信评价体系。

中信评价体系是中信证券研究咨询部于2003年3月推出的,这也是中国最早公开发表的评级报告。中信评价体系与晨星的评价体系依据大为不同,中信评价体系是根据期望效用理论对基金来进行评价的,对普通投资者来讲,直观和易于接受,这也使得中信评价体系越来越得到普通大众及业界的一致认可与信任。

中信评价体系将中国基金市场上的基金按投资方向的不同分为股票型、债券型、混合型、指数型、货币型。这也符合证券会公布的各种基金投资方向。中信评价体系会对每一种类型的基金都进行评级,评级根据是期望效用函数对收益进行风险调整,从而得出绩效,最后对绩效再进行排名,并且赋予相应的星级。从这可以看出期望效用函数在中信评级体系中的重要性,这也比晨星的指标易于理解,但是没有晨星的指标先进和完善。

中信评级有基金市场上近一年、近两年、近三年和总评级的四个层次。总评级的意思就是前三项的加权值,这个跟晨星比起来有点差距,主要是因为我国基金市场历史不长。

三、中美的评级方法比较分析

(1)晨星、理柏从评价结果看评价出来的基金很多属于二星和四星,而中信评级出来的多在三星。这是因为中信评级系统较晨星评级体系还是有指标和方法差距的，很多基金不能进一步地细分，把很多没有突出表现的基金划入三星基金，没有进一步的细分，也相对会有误差。

（2）晨星、理柏公司和中信公司对于风险绩效的研究所用方法不一样，晨星、理柏主要运用夏普指数、特雷诺指数、詹森指数和主流的 RAROC，并且进一步揭示每一种方法的风险计算和度量度，有利于投资者进一步找寻适合自己风险承受能力的基金，缺点是不直观，不易于理解。而中信公司则是依据期望效用函数对收益进行绩效研究，易于理解，也非常直观，但是比较晨星公司的指标来讲，相对没有那么先进。

（3）晨星、理柏公司和中信公司评级的风险度量方法不一致，但是大体上计算出风险的高低差异不大，采用哪种计算方法计算风险价值是非常有参考价值的。

（4）从评级的期限上来看，晨星、理柏评级的时间比较短，非常细化，而中信则是按照年为单位来评级的，这个时间跨度比晨星要大得多，相对来说，会比较笼统的，对很多投资者来讲，则只能根据年评级结果来判断，这个不利于投资者。

晨星、理柏也会给出近一年、近两年的数据，但是没有像中信一样，对近几年的数据进行一个加权计算，这方面晨星不如中信。

思考题：
　1. 美国的基金评级体系主要有哪两种？
　2. 简述中国的基金评级体系。
　3. 简述中美基金评级体系的区别。

第三章　基金业绩评价研究方法与指标

一、基金评价的传统方法

(一)基金平均收益率

基金平均收益率是基金评价中最基本的评价指标，具体公式如下：

$$R_p = \frac{1}{n}\sum_{t=1}^{n}R_t \tag{3-1}$$

$$R_t = \frac{\mathrm{NAV}_t - \mathrm{NAV}_{t-1} + D_t}{\mathrm{NAV}_{t-1}} \tag{3-2}$$

式中：R_p 表示基金 P 研究时期内的平均收益率；R_t 表示在 t 时期的基金收益率；其中 NAV_t 表示第 t 个时期的基金净值，相应地，NAV_{t-1} 表示第 $t-1$ 期的基金净值；D_t 表示基金 P 在第 t 个样本期内的分红。

(二)特雷诺指数

特雷诺指数(Treynor)是以 β 来衡量基金风险的，是承担单位系统风险所带来的超额收益。其中超额收益是基金的收益率与市场无风险利率的差额。Treynor 指数计算公式为：

$$T_P = \frac{R_P - R_f}{\beta} \tag{3-3}$$

式中：T_P 表示基金 P 的特雷诺指数；R_P 表示研究区期基金 P 的平均收益率；R_f 表示研究期内的平均无风险收益率；β 表示研究区期内基金 P 的系统风险。

特雷诺指数的含义是每单位系统风险所带来的收益，即如果特雷诺指数越大，说明每单位的系统风险带来的收益越高，基金绩效的表现越好。但是特雷诺指数只是衡量系统风险，非系统风险并没有衡量出来，即如果非系统风险没有被充分分散，那么根据特雷诺指数来衡量基金绩效是会出现差错的。

(三)夏普指数

夏普指数(Sharpe)同特雷诺指数比较相似，它是以标准差来衡量总风险的，即每单位总风险所带来的超额收益。夏普指数越大，说明每单位的总风险带来的收益越大。Sharpe 指数的计算公式如下：

$$S_P = \frac{R_P - R_f}{\sigma_P} \tag{3-4}$$

式中：S_P 表示基金 P 的夏普指数；R_P 表示样本期内，基金 P 的平均收益率；R_f 表示样本期间内，平均无风险利率；σ_P 表示样本期间内，基金 P 收益率的标准差。

夏普指数和特雷诺指数不同的是，夏普指数通过标准差衡量了基金的总风险，而特雷诺指数通过 β 系数来衡量系统风险，如果一个投资组合充分分散了非系统性风险，那么夏普指数和特雷诺指数得出的结果是一样的。

(四)詹森指数

詹森指数(Jensen)表示的是基金投资组合与市场组合的比较，市场组合的根据是 CAPM 模型。詹森指数的计算公式如下：

$$R_P = R_f + \beta * (R_m - R_f) + J_P \tag{3-5}$$

式中：R_P 表示研究时期 P 的收益率；R_m 表示研究时期的市场组合收益率，R_f 表示研究时期的无风险利率；J_P 表示詹森指数。

詹森指数表示的是相同系统风险的投资组合收益率与市场组合之间的比较。当 $J_P > O$ 时，表示基金的投资组合效益超过了市场组合。$J_P = 0$ 时，表示基金的投资组合效益等于市场组合。$J_P < 0$ 时，表示基金的投资组合效益比市场组合差。当两个基金相比较时，詹森指数越大越好。

(五)三种方法分析与比较

上述三种方法中，特雷诺指数和夏普指数都是相对绩效的度量方法，而詹森指数则是绝对绩效的度量方法，表示在一定风险条件下，投资组合超过基准的数额。特雷诺指数和詹森指数都是采用 β 来衡量基金风险的，也就是说这两个指标并没有考虑非系统风险，如果投资组合中存在非系统风险，那么得出的结果是不可靠的。而夏普指数同时考虑了基金经理所获得的超额回报大小和组合的分散程度。因此，夏普指数模型和特雷诺指数模型对基金业绩评价较具客观性，詹森指数模型用来衡量基金实际收益的差异较好。而在夏普指数模型和特雷诺指数模型这两种模型的选择上，要取决于所评价基金的类型。如果所评价的基金是属于充分分散投资的基金，投资组合的 β 值能更好地反映基金的风险，因而 Treynor 指数模型是较好的选择；如果评价的基金是属于专门投资于某一行业的基金时，相应的风险指标为投资组合收益的标准差，所以运用 Sharpe 指数模型比较适宜。

特雷诺指数和詹森指数衡量风险都是通过系统风险 β 来度量风险的，而夏普指数是通过标准差来度量总风险的，如果一个投资组合当中，非系统性风险没有被充分分散，那么用特雷诺指数和詹森指数得出的结论是有误的，因为这两个指标并没有完全的衡量风险。夏普指数相对来讲，考虑了非系统风险，所以夏普指数能较为准确地衡量基金经理人处理非系统风险的能力，同样夏普指数也是存在缺点的，它没有具体指出一个基金能够超出基准多少数值。

(六) T-M 和 H-M 模型

基金经理人的选股择时能力是用 T-M 和 H-M 模型来判断的。选股择时能力对于基金经理人是非常重要的一个量化指标。当预测证券市场将繁荣时，基金经理人要选择收益较高的证券取得较好的收益率，当市场前景不看好时，基金经理人须准确把握市场时机，减少风险资产的数量，购进安全资产，从而有效规避风险，尽量减少损失。

T-M 模型的表达式为：

$$R_{Pt} - R_{ft} = \alpha + \beta_1(R_{mt} - R_{ft}) + \beta_2(R_{mt} - R_{ft})^2 + e_p \qquad (3\text{-}6)$$

公式 (3-6) 中 R_{Pt} 表示 t 时期内基金收益率，R_{mt} 表示 t 时期内市场基准收益率，R_{ft} 表示 t 时期无风险收益率，β_1 为系统性风险，α 和 β_2 分别为选股和择时能力指标。当 $\alpha > 0$ 时，说明基金经理人具有选股能力，能够选取 t 时期内证券市场上，收益较高的股票。如果 $\beta_2 > 0$ 说明基金经理人具备把握市场时机能力，当市场看好时，能够提前增加风险资产，在市场繁荣时获得较好的收益，当预测市场情形不是很好时，能够提前增加安全资产的份额，尽量减少损失，这就说明了基金经理人能够把握市场时机，正确预测市场走向。

H-M 模型的表达式为：

$$R_{Pt} - R_{ft} = \alpha + \beta_1(R_{mt} - R_{ft}) + \beta_2 D(R_{mt} - R_{ft}) + e_p \tag{3-7}$$

其中 R_{Pt}、R_{mt} 和 R_{ft} 分别为 t 时期内基金 P 的收益率、市场组合的收益率和无风险收益率，α 为选股能力指标，β_1 为基金组合所承担的系统风险，β_2 为择时能力指标。H-M 与 T-M 模型不同的最大之处在于 H-M 模型引入了一个虚拟变量 D。如果 $R_{mt} - R_{ft} > 0$ 时，$D = 1$，于是组合的 β 值变为 $\beta_1 + \beta_2$，即市场情形繁荣时，系统风险变大了，表明整个投资资金加大了。如果 $R_{mt} - R_{ft} < 0$ 时，$D = 0$，那么 β_2 也相应消失了，组合 β 值变为 β_1，表明市场不好时，投资减少了，说明基金经理人具备了择时能力。

二、基金评价的现代主流方法——RAROC 模型

（一）VaR 与 GARCH 族模型

1. VaR 定义

（1）VaR 的重要性和起源

VaR 即 Value at Risk，也称为风险价值。这种度量风险的方法最早是由摩根为了管理众多金融资产的风险而提出的。

随着信息技术和全球化进展的加速，全球经济呈现一体化，波动加剧趋势也不断地呈现，从 20 世纪 90 年代墨西哥爆发金融危机，1992 年索罗斯狙击英镑到 1998 年的东南亚金融危机，以及 2008 年美国的次贷危机都对全球的金融市场产生剧烈冲击，影响了全球经济的发展。这些全球性的金融危机都显示了风险管理是金融领域非常重要的研究方向。

对于众多的公司和企业而言，风险管理是其机构的安身立命之本，直接关系到机构能够在激烈的竞争中生存下去，如何准确地测量风险就成为金融机构风险

管理中的核心问题。VaR 是 1994 年摩根银行提出来的，衡量一定置信水平下损失的最大可能，目前仍然是计算风险的主流方法，其在风险测量管理方面的巨大优点也受到了国际金融界的肯定，《巴塞尔协议》明确确定银行用 VaR 来计算风险价值。到现在为止，风险价值 VaR 已经成为各个金融机构以及金融监管机构风险管理系统中的基石。VaR 为金融机构的资产提供了单一风险量，这是 VaR 方法的优点。

VaR 最早是由 JP 摩根发明和采用的。最早，JP 摩根的总裁丹尼斯每天都要接到公司各种资产风险报告，报告极其冗余，大量的信息都是对风险的分析以及数据整理，但是这些报告又对银行整体的风险管理不利，于是丹尼斯需要收到更加简洁的报告，而不是这么复杂的，需要阐明银行整体在一天之内所面临的风险，一开始风险管理部门认为将所有的报告简化为一天的风险是不可能的，但是后来的研究人员根据马科维茨资产组合为基础，创立了风险价值 VaR 报告。风险价值报告要知道银行在全球各个地方的交易数据，而且各个地方的时区又是不同的，还需要对各个影响风险的因素市场变量以及波动率进行计算和估计，更加重要的是要研究人员综合这些因素开发出计算机风险管理系统。

VaR 相对于许多不同的风险，不同期限的风险可以给出一个确定的值，这个相对于其他度量风险的方法来讲非常简单和直观。VaR 定义为在一个置信水平和一段时期内能够预期的最大损失。这个定义涉及了三个方面，第一个方面是一段时期，第二方面是置信水平，第三个方面是历史观测期。例如在持有期为 5 天，置信水平为 95%情况下，若估计的 VaR 值是 10 万美元，这即说明该资产在 5 天中有 95%的可能不会超过 10 万美元的损失。VaR 作为测量风险的一种方法，在金融机构以及很多金融监管机构中非常受欢迎，因为 VaR 有两个最显著的优点，第一个是 VaR 方法按照随机变量的特征，在刻画风险度量方面采取了随机变量的概率分布，这样计算的结果较为准确。第二个是 VaR 将所有资产组合的风险总结为一个简单直观的数字，这在实际的应用中是非常有利的。

一直到 20 世纪 90 年代初期，JP 摩根完成了计算机风险管理系统，这是一个开创里程碑的事件，系统给银行的风险管理带来了极大的便利，使得银行的经理层对整个金融机构的风险有一个非常清醒的认识，同时还可以根据此来分配资本金，其他的金融机构纷纷学习摩根的做法，于是 VaR 开始在金融界普及，一直到 1993 年，风险价值 VaR 已经成为金融机构中测定风险的重要工具。同时 JP 摩根还开放了较为成熟的计算 VaR 的模型 RiskMetrics，这方法需要大量的方差和协方差，在 1996 年巴塞尔委员会正式公布基于 VaR 的风险管理程序以及协议，同时在 1998 年开始执行。一般的情况下，有一定杠杆且有头寸风险暴露的金融机构大多采用了 VaR，包括银行、资产管理公司以及很多跨国公司等大型的企业。很多金融机构已经开发出风险管理系统，并且运用 VaR 来对金融机构整体把控风险，对交易来讲，对头寸的限制有助于考虑各种风险变化以及杠杆率的改变。高层能够辨识哪些头寸暴露了太多的风险，可以消除某些部分的风险来减少对整个机构的风险程度，从而由原来的被动面对风险转为主动面对风险。同时对于投资者来说，能够在风险和收益之间找到一个相对于自己的最佳平衡点，金融机构也可以根据 VaR 来配置资金来获得风险与收益之间最佳的平衡点。金融机构从全局角度整体测量风险受到两个因素的驱动，第一是对于金融机构来说有新的风险来源，因为现在的金融产品较多年前来讲已经大大丰富了，比如当年的奇异期权现在已经大众化了。这就提醒金融机构风险管理部门对于新风险要提高警惕。第二个是波动性更大，对于很多标的资产来讲，波动更加大了，特别是现在金融资产全球流动自由，世界范围内的一体化，更加加剧了资产波动性。金融机构的风险管理朝着集成化的方向发展，最早在 20 世纪 80 年代，当时是为了 OTC 而创立的，中介当时持有一些衍生品，为了抵消衍生品的风险，必须找到买家，这就需要对交易市场能够设计跟踪的系统，同时将每笔交易都分解为现金流，再将这些现金流同其他组合的金融工具一起来综合计算其风险。相对信用风险来讲，对风险进行集成化管理同样重要，金融工具不断地创新使得有很多新的市场参与者进来，并且很多这种新的市场参与者信用等级较低，就像当年美国的次贷危机一样，将次级房贷现金流做成证券进行流通。对于金融机构来说，面对全球千千万万个交易的柜台，假如单独对一个柜台来讲，其风险头寸是受到限制的，但是对于整体全部来说，风险可能是巨大的，并且在一定时候，这些风险被诱发出来，相互影响，就会形成金融危机。金融机构面对的风险一般都是分散性的风险，面对不同的利率以及汇率和价格的风险，并且是不同地域的，如果能有一个集成化的风险管理软件系统来综合进行全局化的管理，那么金融机构就可以对风险进行控制。如果金融机构有较大头寸的风险暴露，则更需要一个全局性的风险管理系统来进行约束，并且要在市场上对所有头寸的交易进行匹配，这样才能进一步地控制风险。

（2）企业风险管理中的 VaR

对于企业来讲，VaR 同样可以用于企业的风险管理，企业关注的是企业的现金流，VaR 可以转化为现金流的风险价值来进行度量。考虑到企业合约的现金流，接下来可以建立金融变量的模型，比如利率、汇率以及商品价格与企业现金流的模型。最后从金融变量和商业暴露结合起来进行考虑。在这一方面，日本的丰田公司做得非常好，丰田公司汽车信贷 TMCC 在全球债券市场上发行债券量非常大，募集的资金用于为在美国购买丰田公司汽车的消费者提供便利，每年为美国消费者提供大约七十亿美元的贷款，这为美国消费者提供了非常好的服务。TMCC 通过浮动利率来募集资金，在正斜率收益率曲线情况下可以更加便宜，但是这同样存在一个问题，利率风险假如不是在正斜率情况下，那么就会出现极大的风险，TMCC 对此进行了 VaR 风险度量，对现金进入以及流出都进行了监控，并同时运用蒙特卡罗模拟贴现。模型采用了较多的数学方法，利用历史数据，同时考虑利率上升以及下降，还结合了期权的情况来计算结果，TMCC 中风险管理部门的人绝大部分是从金融机构风险管理部门转过来的。计算 VaR 是在一个月95%水平情况下得出的。如果出现不利于公司的情况，可以给管理层一个月的时间来调整控制风险，这就给予管理层充分的时间，由于 TMCC 采用了 VaR 进行全局的风险控制，使得公司的 VaR 从近一亿美元降至三千万美元，公司从中获益非常高。因此大型企业应该实时监控不同国家以及地理位置上所有的风险，制定和使用一个全局化的金融风险管理系统。

（3）投资管理中的 VaR

VaR 在投资管理中的应用同样非常广泛，银行业较快地接受 VaR 方法，但是投资管理这个行业却费了很长时间才接收了 VaR，因为投资行业和银行面临的情况不一样，投资行业环境则更加复杂。表3-1 显示了买方以及卖方的风险管理情况。

表 3-1   买方以及卖方的风险管理情况

项目	买方	卖方
时间	长期	短期
交易	速度慢	速度快
杠杆	较小	较大
风险度量	资产配置	VaR
	跟踪误差	压力测试
风险控制	分散	头寸限制
	校准	VaR 限制
	投资指导	止损规则

　　银行在交易市场方面有着非常高的杠杆率，对于银行来讲，储蓄者的钱是不能亏损的，这就对银行的风险管理提出了相当高的要求，很多时候一些不利的事情会造成银行的重大亏损，如同巴林银行那样，而一些投资管理行业，比如养老基金行业来讲，情况就会好一些，这好比鸡蛋没有放在同一个篮子里面。养老基金很多时候不需要控制价格下滑的风险，但是养老基金里仍有一部分基金的风险要高于银行业，对冲基金就是一个非常典型的例子。对冲基金有着极高的杠杆率以及非常大的风险，如 LTCM 公司就是由于投资的错误以及极高的杠杆率让这个基金公司几乎破产，这些基金的风险比银行大得多，但是其利润也非常丰厚。交易环境对 VaR 也会有影响，某些 VaR 的方法对较长的时间段不是很有效果的，一般来讲预测的时间较短，就较容易捕捉变化的情况，但是如果时间较长的话，那么就不容易预测。总体来讲，对于银行的交易日 VaR 有比较适合的额度，银行的交易组合很多时候变化较快，风险也变化较快，但对于投资管理行业的投资组合来讲，就会有非常大的不同。由于组合当中的各种交易可能会相互抵消风险，因此，投资组合不会很显著地暴露于金融风险当中，例如养老基金就是如此，其 VaR 的应用没有像银行那么迅速。在银行交易中，风险是非常清楚的，即头寸出现损失的可能性大，但是对于投资管理行业来讲，投资组合的风险则比较难以测量。投资组合的风险同银行的风险定义也有些不同，从相对和绝对方面考虑，分为绝对风险和相对风险。绝对风险是指在交易环境下损失的金额，相对

风险指的是相对于该基金的损失金额。绝对风险又可以分为两个因素，一个因素是基金采取的策略所形成的风险，另一个因素是由于采取了偏离策略所造成的风险，即基金管理层相对自身基准损益之间的总和。如果仅限于资产方面是不行的，因为可能负债方面也会产生风险。对于基金来讲，持有期到期时，是否有足够的资金来支付所应该偿还给别人的收益，这种风险称为盈余风险，即资产与负债之间的差额。盈余风险可分为两种风险度量，一种是现金流风险，是指如果管理层可以允许成本的变化则会导致更大的期望，另一种则是经济风险，是因为经济增加值改变的风险。利用 VaR 可以管理以及监督投资行业的风险。投资行业的投资决策一般分两个步骤，首先，基金的董事局将会根据基金的发展提出具体的、长期性的、战略性的资产投资，这个资产投资考虑了各种证券类别。其次将会有专门的投资经理管理实际的工作，但又会产生一个新的要求，董事局将要对投资经理进行业绩评估，同时对其风险管理也要进行评估。如果基金经理有意或者无意地改变了投资策略，给基金带来了风险，那么管理层要迅速反应，从总体上考虑对风险的控制程度。common 基金就是在没有得到授权的时候损失了一大笔资金，common 基金为美国的一些大型机构管理两百亿美元资金，在 1995 年的时候发布公告，一个未经授权的交易损失了一亿五千万美元，这是由于其交易员偏离了公司制定的安全交易策略，想要获得更大的利益结果损失了二十五万美元，为了弥补这笔资金，交易员又实施了其他更加激进的策略想要去弥补，但是雪球越滚越大，最终损失了亿美元资金。这样的结果是不可接受的，因为自从巴林银行事件后，common 基金是第一个要求资本策略小组杜绝这种欺诈交易的基金公司，但是偏偏就是如此严格的风险管理程序还是带来了如此大的漏洞，尽管这些损失对于大的基金公司来讲不算什么，但是这样的欺诈行为损害了该基金的信用，导致很多投资者纷纷撤离资金，该基金的融资额度大幅度下降，基金公司的总裁引咎辞职。这样的损失还只是一个小交易员产生的，更值得担心的是基金经理如果偏离了安全的投资策略，那么基金的损失将是非常巨大的。一个相对中心化的风险管理系统将会实时监控各种投资。VaR 就为所有的头寸提供了这么一个标准，并且还可以让管理层非常迅速地了解投资策略是否偏离了安全策略。通过 VaR 来实现了中心化的基金投资风险管理，它是最简单的办法。对于众多的投资者来说，将资金交给一个基金，那么这个基金的头寸报告就会给出总的基金的风险暴露，用户根据这个风险暴露来确定是否继续持有该基金的份额。

对于基金募集资金以及投资者来说，VaR 还可以用来设计投资指导书以及指导投资者进行投资决策。现在经理们的指导书一般都要限制某些领域不能进入，某些资产投资领域的限额是多少，对货币、久期等方面都要进行控制。另一方面这些限制有可能会被金融创新所突破，例如某些基金不允许在期货市场上交易，避免太高的风险暴露，但是允许在债券市场上交易，有些债券就是被设计为结构化债券，而这种性质的债券风险不亚于期货。因此再好的投资设计书比不上市场的步伐，也比不上创新的步伐。对于投资者来说，VaR 并不能告诉你要去哪里进行投资，但是能够让用户知道风险和投资的回报之间的平衡点。资金分析师根据经验在某些风险的一维空间里积累了许多知识，能够在风险与收益之间实现最优化，但是对于总的各式各样的风险组合来讲，就可能无法知道所有风险以及头寸之间的关系，VaR 系统却可以提供这方面的帮助。投资者运用 VaR 可以监督自己投资组合的风险。基金投资者一般都会将自己的资金投入具有最高回报率的基金，但是极有可能投资者没有意识到高回报率的后面是基金也承担了高的风险，那么投资者就应当高度重视以及计算这些组合的 VaR。

(4) 信息披露中的 VaR

VaR 为市场参与者提供了一个信息披露的工具，可以评价管理层在公司中的业绩表现。VaR 作为信息披露的工具进展得非常快，早在 1998 年，就有 66 家金融机构向外公布了 VaR 的信息，这也是巴塞尔协会在 1995 年对金融机构的要求，公布 VaR 以后，市场参与者包括投资者、储蓄人等可以对金融机构有整体风险的把握，以此可以对金融机构进行约束，从而使金融市场的进展和交易更加具有效率。如果金融机构没法提供 VaR 信息或者提供的信息风险较大，那么投资者和储蓄人就会转移资金，这样能更好地促进了市场的优胜劣汰。风险管理信息一般要出现在金融机构披露年报的两个地方，第一个是在管理层对公司的分析上，这一部分记录了公司有哪些风险，对于风险的管理程序和目标是什么以及风险的量化信息。第二个是财务报表，财务报表描述了金融机构的头寸，并且财务报表中还可根据会计规则，标注了各种衍生品的头寸情况。这些都要由第三方独立的会计师事务所进行审计。美国的美孚公司在信息披露方面做得非常好，美孚公司是一个全球性的跨国公司，其风险头寸有利率、汇率以及能源价格方面的波动，应该说美孚公司面临的风险是多样的，对于利率风险，美孚公司采用了一个基准来定义利率风险，对于货币风险采用衍生品完全对冲，对于商品价格风险基于现价。对于 VaR 来讲，美孚公司采用了 99.7% 水平下的 VaR 来计算，美孚公司提供的利率风险 VaR 值和商品风险 VaR 值，这样投资者就可以很明显地得知美孚公司的风险状况了，其中商品风险又包含了一些衍生品的风险，从集成式管理的美孚公司的财务报表可以看出，美孚公司的收入和利润远远大于其 VaR 值，表示美孚公司的风险控制状况是非常理想的。VaR 不但可以当作信息披露的工具，更可以作为头寸风险控制的工具。一般意义上来讲，对于交易员头寸的控制是以期货、本金或者其他单位来描述的，比如一个做债券投资方面组合的交易员会被管理层告知不要超过多少金额的交易，以及总持有的债券不能超过多少。在绝大部分的情况下，对交易员的限制还包括对其风险方面的控制，以到期日或者久期等价来表示，比如当是一千万元的限制是三年久期等价的话，那么管理层是不允许交易员投资一千万元到四年或者五年等价的债券。风险以 VaR 来表示，这就可以在不同类型的金融产品之间来比较风险值的大小，相当于 VaR 是一个通用的标准，这样对于管理者以及交易员来讲就有了一个共同的标准，对于风险也有一个较准确的估计和掌握。同时运用 VaR 进行风险管理还有风险分散的效果，从而会促使金融机构对各个分支机构以及产品进行限价结构形式。例如整个金融机构的 VaR 限制在五千万元，可以小于投资组合 1 和投资组合 2 以及投资组合 3 的综合八千万元，即整个金融机构总的 VaR 值小于每个投资组合 VaR 加总值，这对于金融机构具有分散风险的效果。这样有助于管理层将风险收益最大化，将风险项目放到最有发展前途的行业中去。当然，VaR 对于项目头寸的限制并不是唯一因素，当市场环境变化，或者一些不利因素发生时候，会增加 VaR 来应对风险。例如美国著名投资银行高盛就对市场交易限制有着不同的方法，赋予交易员可以灵活调整 VaR 数目的权限，这对于一线操作人员来讲是非常及时的，能够按照市场的变化来及时应对。

(5)交易员表现评价中的 VaR

VaR 还可以应用于对交易员表现的评价。如何评价交易员的表现一直是金融机构重要的问题，给予业绩出色的交易员高额奖励，会给整个金融机构人员带来激励，也能够留住和吸引人才。利用 VaR 可以测量风险，同时测算该交易员交易所带来的收益，这样就可以计算出交易员的风险收益了，这种基于风险上获得的收益奖励会在风险和收益之间带来最大的利好，不论对于金融机构还是交易员来讲都是极其重要的，也是非常有必要的。1987 年美孚银行就没有采取基于风险收益的度量方法来衡量交易员的表现，而仅仅依赖于交易员给银行带来的利润作为衡量标准，这给美孚银行差点带来了巨大的灾难。美孚银行的交易员安迪在外汇交易中给美孚银行带来了将近三亿美元的利润，这让美孚银行进一步加大了安迪的权限，他得到了七亿美元的限额，但是同样存在问题是头寸过大，不具流动性且比较难以定价。当安迪离开美孚银行后，管理层对他历次的交易进行了严格的分析，发现了重大的漏洞，他让银行二十亿美元的资产暴露在风险下，并且没有对冲此风险，这样的结果让银行的管理层大吃一惊，整个银行的命运竟然系于一个交易员之手，幸亏没有造成事故，否则银行面临巨大危机。从此以后，美孚银行对交易员以及风险管理措施方面非常重视，并确定了他们以后的评价是基于风险调整后的收益。

(6) 我国目前的 VaR 技术

中国内地的市场比不上新加坡、香港地区等这些国家和地区的新兴市场，在整个亚洲，也只有日本才是成熟的市场，但也没有美国成熟的金融市场，相比之下，刚刚从计划经济过渡来的中国经济尚且处于初级市场阶段，金融体制市场化程度较低，各个方面以及金融工具没有成熟的金融市场那么发达。从金融业的主体银行业来看，则沿袭了传统的存贷业务为主营业务，现代意义上的金融还正在发展中。中国地域辽阔，特别是地区之间的发展不平等，应当从地域区别对待，对待东部沿海，中部地区以及西部地区都应该分别处理。在东部沿海地区，经济较为发达，但是大部分企业均为生产企业，高科技创新型的公司尚没有成为支柱，我国近期提倡的产业升级、结构调整，即企业要通过资本运作，组合投资或者是国际融资，引进高科技行业，提高整个科技含量，同时加入 WTO 后国外的金融机构纷纷进入中国，这些都会对东部沿海地区的金融机构造成更加复杂的情况以及更加严峻的挑战。现代金融产品必然伴随着金融风险管理，一个新的金融产品应该有其相应的金融风险管理，对于东部沿海地区金融机构可以考虑金融产品创新以及风险管理方面的放权，鼓励各个金融机构对这方面加大投入，不断地了解国际上的新金融理论以及金融风险管理实践，在监管方面应当对中西部区别对待。从我国中西部来讲，经济没有东部沿海地区发达，金融体系传统的向上贴现存款以及宏观调控的行政干预金融贷款的指导政策在比较长的时间内还将存在，因此推行金融市场的条件还没有成熟。培育我国自己的金融市场经济体制是非常重要的，建立一个以风险为基础的市场制度则更加重要，因此，从长期来看，中国在这一市场中要取得成绩必须借助于大量的学习国际先进金融理论与实践，更好地建立起风险管理程序，更娴熟地运用 VaR 技术，这些都对我国的金融市场发展有着重要的作用。

(7)VaR 的表示形式

VaR 通过密度函数来表示风险，属于数理风险方面的计算方法。VaR 统一度量了由各种风险因素所形成的市场风险，借助投资组合价值的密度函数表示风险属性。在计算 VaR 过程中，涉及分位数及置信区间，每个自由度及置信区间都可以确定一个分位数，例如置信区间为 90%，那么损失超过 VaR 值的比例为 10%。

一项金融资产组合，根据 VaR 定义，可以写出其计算公式，即一定的金融资产，给定一个置信区间下最低价值和预期的价值，VaR 便可以很容易地计算出来：

$$VaR = W_0(E[r] - r_a)$$

公式中 W_0 为金融资产的最初价值，$E[r]$ 为金融资产的期望收益率，r_a 为置信水平 a 下的最低收益率。

已知金融资产收益率的分布状况时，那么计算 VaR 所需的 r_a 可以通过 $P(r > r_a) = 1 - a$ 计算出来。如果收益率 $r_t \sim N(\mu, \sigma^2 t)$，那么通过计算标准正态分布的分位点 Z_a 就可以，并根据 $-Z_a = \dfrac{r_a - \mu}{\sigma\sqrt{t}}$ 求出相应于置信水平 a 的 r_a，即：$r_a = -Z_a \sigma\sqrt{t} + \mu$，从而我们就可以得到 $VaR = W_0(E[r] - r_a) = W_0 Z_a \sigma\sqrt{t}$。

2. 计算 VaR 的方法

计算 VaR 的方法有很多种，常用的主要有参数方法、历史模拟法和蒙特卡罗方法。

(1)参数方法

参数方法是不知道金融资产的收益率，先假设金融资产收益率符合某种分布，从而在计算过程中要估计一些参数的值。参数方法非常简便，因为它假设了收益率的分布，数据处理也不是非常的烦琐，但是参数方法有一个重要的缺陷，如果收益率不符合假设分布，那么参数方法计算出来的结果会有较大的误差。

（2）历史模拟法

历史模拟方法比参数方法更进一步，历史模拟方法没有假设金融资产收益率符合某种分布，它对收益率分布不做限制，因为这种方法所依据的数据都是真实的历史数据，真实模拟，计算精度也较高，并且能避免模型风险，在这方面，历史模拟法比参数方法有优势。

同样，这种方法也有缺陷，因为历史模拟方法用的是历史数据，计算用的也是历史数据，只能反映过去或不远的未来的风险值，但是收益率的波动如果较大，历史模拟方法将估计不准。并且，历史模拟方法对过去的观测历史数据都给予相同的风险权重，这个也是有误差的，因为近期对未来的影响估计会比很久以前的数据对未来的影响更大。

历史模拟方法计算数据的准确性取决于样本区间的长度，即如果要使历史模拟方法计算出来的结果比较精确，那么数据量必须非常大，如果金融资产组合非常复杂，那么计算量也将非常烦琐。

（3）蒙特卡罗方法

蒙特卡罗方法和历史模拟方法相类似，只不过历史模拟方法所用的是历史数据，而蒙特卡罗方法则直接像参数法一样假定收益率服从某种分布，然后再对数据处理。因此，根据蒙特卡罗方法可以预测未来一些历史上没有发生的事件。

蒙特卡罗方法的要求是金融变量要服从随机变化的过程，并且要指定相应的参数，其中布朗运动是蒙特卡罗模拟方法常用的一个模型。

蒙特卡罗方法最大的特点是能够度量非常多的风险，非线性风险、模型风险及价格风险，这种方法非常实用，并且考虑了收益率分布在多种情况下的模型计算结果。

蒙特卡罗方法的缺陷是如果随机模型假定错误，那么后面所有的计算结果的精度都会受到影响，所以随机模型的假定是蒙特卡罗方法中的核心部分。

3. VaR 估计的条件方差

现在计算 VaR 经常采用的方法是将常用的参数方法结合 GARCH 族 (GARCH，EGARCH，PARCH)模型综合起来，其中的分布假设为 t 分布和 GED 分布。当金融市场中存在高峰厚尾现象、波动集聚现象及异方差等问题时，这种方法极为有效，从而在对收益率序列的拟合方面取得了不错的效果，极大地提高了参数方法的准确性和适用性，而且参数方法具有超越样本的预测估计能力，其公式为：

$$\text{VaR}_t(\text{相对}) = P_{t-1}Z_a\sqrt{h_t} \tag{3-8}$$

$$\text{VaR}_t(\text{绝对}) = P_{t-1}Z_a\sqrt{h_t} - \mu P_{t-1} \tag{3-9}$$

其中，P_{t-1} 指 $t-1$ 时，金融资产的价格，μ 表示金融资产的收益率，Z_a 为当置信度为 a 时，对应分布函数的临界值，其中 h_t 为条件方差，要由 GARCH 族模型求出。

4. GARCH 族模型介绍

一般自回归条件异方差(GARCH) 可表示为：

$$y_t = x'_t\beta + \varepsilon_t\sqrt{h_t} \tag{3-10}$$

$$\varepsilon_t = \sqrt{h_t}\gamma_t$$

$$h_t = \alpha_0 + \sum_{i=1}^{q}\alpha_i\varepsilon_{t-1}^2 + \sum_{j=1}^{p}\beta_jh_{t-j}$$

公式(3-10) 为 GARCH 模型的均值方程，通常建立在 ARMA 模型的基础上，均值方程的作用消除掉时间系列当中的线性相关性。公式中 h_t 表示过去所有残差的正加权平均，其意义为：小的变化后面紧随着小的变化，大的变化后面紧随着大的变化，这在金融资产收益率时间系列中经常出现，呈现出一种聚集效应。

EGARCH 模型，即指数(Exponential)GARCH 模型可以捕捉对正负干扰反应的不对称性，其条件方差的表达式为：

$$\log(h_t) = \alpha_0 + \sum_{j=1}^{p}\beta_j\log(h_{t-j}) + \sum_{i=1}^{q}\alpha_i\left\{\left|\frac{\varepsilon_{t-i}}{\sqrt{h_{t-i}}}\right| - E\left|\frac{\varepsilon_{t-i}}{\sqrt{h_{t-i}}}\right|\right\} + \sum_{k=1}^{m}\gamma_k\frac{\varepsilon_{t-k}}{\sqrt{h_{t-k}}}$$

从上面的公式可以看出，条件方差采用了对数来表示，这也就说明了 h_t 必须

为正数，且杠杆产生的作用是指数型的。如果 $\gamma_k = 0$，那么说明上涨信息($\varepsilon_{t-k}/\sqrt{h_{t-k}} > 0$)与下跌信息($\varepsilon_{t-k}/\sqrt{h_{t-k}} < 0$)是一样的，也就说明上涨产生的波动等于下跌产生的波动，是不存在杠杆效应；如果 $\gamma_k < 0$，上涨信息产生的波动小于下跌信息产生的波动，即存在着不对称效应，也就是存在杠杆效应；如果 $\alpha_i > 0$，那么就表明 $|\varepsilon_{t-i}/\sqrt{h_{t-i}}|$ 将会变大，即存在不对称效应，也就是存在杠杆效应；如果 $\alpha_i > 0$，表示 $|\varepsilon_{t-i}/\sqrt{h_{t-i}}|$ 与其期望值的偏离将导致 h_t 较其他情形为大。

Power ARCH 模型(PARCH)，是 GARCH 模型的进一步改进，是将标准离差引入到 GARCH 模型当中，标准离差是残差的绝对值，这是由 Taylor(1986)和 Schwert(1989)首次提出的。

在 1993 年这一系列的模型被 DING 总结为 PARCH 模型(POWER ARCH)，在 PARCH 模型中，比 GARCH 模型中多两个参数 γ 和 δ，其中 δ 表示标准离差参数，γ 表示不对称信息。其条件方差方程如下所示：

$$\sigma_t^\delta = \alpha_0 + \sum_{i=1}^{q} (\alpha_i |\varepsilon_{t-i}| - \gamma_i \varepsilon_{t-i})^\delta + \sum_{j=1}^{p} \beta_j \sigma_{t-j}^\delta$$

($\alpha_0 > 0$, $\delta \geq 0$, $\beta_j \geq 0$, $j = 1, 2, \cdots, q$, $\alpha_i \geq 0$, $|\gamma_i| < 1$, $i = 1, 2, \cdots, q$)

5. 使用 GARCH 族模型必须满足的条件

第一个条件：金融资产的收益率不符合正态分布，具有高峰厚尾的现象；第二个条件：收益率系列的误差项存在严重异方差性即收益率系列具有时变性和聚类性。由于我国证券市场不是有效市场，正态性假设及市场波动随机性假设均不成立，那么可以引入 GARCH 族模型来测算时变性的条件方差。

6. t 分布、GED 分布

计算 VaR 值的过程中还存在一个问题，一般都是假设收益率系列符合正态性分布，但是实际的收益率系列往往存在高峰厚尾的现象，不符合正态性分布，峰度比正态分布要高。这就说明了基金市场中的同向性行为，即市场较好的时候，大部分人获得了较高的收益，但是一旦市场不好的时候，绝大部分人处于亏

损状态。在市场较差中获利和市场较好时亏损的人是少数。由于金融时间序列存在高峰厚尾状况，所以不能采用正态分布来描述，同样计算 VaR 时应该考虑用于描述尾部特征的 t-分布、GED 分布 (Generalized Error Distribution)。其分布密度函数分别为：

$$f(x, d) = \frac{\Gamma((d + 1)/2)}{[(d - 2)\pi]^{1/2}\Gamma(d/2)} (1 + x^2/(d - 2))^{-(d+1)/2} \quad (3\text{-}11)$$

$$f(q) = \frac{d\exp\left[\dfrac{-1}{2} |q/\lambda|^d\right]}{\lambda 2^{[(d+1)/d]}\Gamma(1/d)} \quad (3\text{-}12)$$

其中 $\Gamma(\cdot)$ 为 Gamma 函数，d 和 λ 均为常数，d 为自由度，λ 的值为 $\lambda = \left[\dfrac{2^{(-2/d)}\Gamma(1/d)}{\Gamma(3/d)}\right]^{1/2}$，它被称为尾部厚度参数 (tail-thickness parameter)。

当参数 $d = 2$ 时 GED 分布成为正态分布；当 $d < 2$ 时，GED 分布有较正态分布更厚的尾部；当 $d > 2$ 时，GED 分布有较正态分布更薄的尾部。

7. VaR 模型的准确性检验

本书检验 VaR 值模型的准确性采取的是最常见的库皮克检验方法。假定计算 VaR 的置信度为 α，实际样本期间考察天数为 T，损失值超过 VaR 值的失败天数为 N，则失败频率为 $p(= N/T)$，失败的期望概率为 $p^\Delta(= 1 - \alpha)$。零假设为 $p = p^\Delta$，这样对 VaR 模型准确性的评估就转化为检验失败概率 p 是否显著不同于 p^Δ。由二项式过程可得到 N 次失败在 T 个样本中发生的概率为：$(1 - p)^{T-N}p^N$。库皮克提出了对零假设 $p = p^\Delta$ 最合适的检验似然比率 LR 检验：

$$\text{LR} = -2\ln[(1 - p^\Delta)^{T-N}(p^\Delta)^N] + 2\ln[(1 - p)^{T-N}p^N] \quad (3\text{-}13)$$

在零假设下，统计量 LR 服从自由度为 1 的 χ^2 分布。

(二) RAROC 模型简介

随着 VaR 技术的逐渐成熟，VaR 在各个金融机构中得到了广泛的应用。VaR 虽然可以度量风险，但并不能评价绩效。于是在 VaR 的基础上，RAROC 模型产生了。RAROC 方法产生于 20 世纪 70 年代末期，是由美国信孚银行开发出来的，其核心思想和思路是对于未来可能发生的损失通过方法转化为现在的成本，接着在对当期的成本进行调整，衡量风险绩效，并为未来可能发生的最大风险做好充足的资本准备，这就使得收益和风险结合起来，更加有利于风险和收益之间的平衡，各个监管部门和各个业务部门可以根据此来决策业务、绩效评价，以及目标设定等。

从绩效评价的角度来看，RAROC 风险管理技术克服了传统绩效考核目标中盈利目标与风险成本在不同时期反映的相对错位问题，实现了经营目标与业绩考核的统一。我国金融机构对各级金融分支机构、各类业务管理部门的绩效考核，一般都侧重于风险或收益指标，侧重于短期的时点数据，而不是用风险调整后的反映长期稳定的收益指标来衡量业绩，这使得表面上的高收益与实际经过风险调整后的收益存在很大差距，难于对绩效进行科学的考核。运用 RAROC 风险管理技术，对各级金融分支机构、各项业务、产品，甚至每位员工的 RAROC 进行比较，可以提高绩效考核的科学性。这样，管理者可以采取有效的奖罚措施引导各级分支机构、业务管理部门和各级员工的正确行为，激励他们自觉追求风险可接受情况下盈利最大化的目标，追求长期稳定的收益，而不是短期的高收益。

RAROC 同夏普方法颇为相似，都是每单位的总风险所带来的收益，反映了资本适用效率，只不过 RAROC 计量风险的方法更为先进和成熟。RAROC 这种绩效评价方法不断地发展，已经成为基金绩效评价方法中的主流方法。

RAROC 的公式为：RAROC = 研究时期的平均收益率/同一时期的 VaR 值（VaR 为在置信水平下处于风险的价值）。公式中，研究时期的平均收益率为基金样本在样本期间所获得的收益率，同样，VaR 指研究时期给定置信区间的预期最大的损失值。

RAROC 用于绩效评价的好处是它能很好地平衡风险和收益之间的关系，如果基金取得了很高的收益，如果 VaR 值偏高的话，说明这只基金的绩效也不是很好，因为它的高收益是通过承担高风险来获得的，RAROC 通过风险绩效的评估，确保每单位风险获得收益最高，RAROC 值越大，说明这只基金的绩效越好。RAROC 方法运用基金绩效评价，可以很好地衡量出基金的真实表现水平。对于真实地约束交易员过度风险投资的行为非常有效，避免出现大额亏损现象的发生。

(三) CVaR 介绍及返回检验

1. CVaR 与 VaR 的比较

VaR 这种方法是有严重缺陷的，首先 VaR 同 CVaR 不同，VaR 不是一致性度量。其次投资组合的各个 VaR 值不具有可加性，即各个证券风险的和不一定大于证券组合的总风险。另外，证券组合优化中，VaR 表示风险函数的时候，可能会出现多个解，即不存在最优解，也就不存在整体优化。当收益率分布出现高峰厚尾状态时，实际损失值会大大地超过 VaR 值，即 VaR 值没有有效的覆盖风险，这对金融机构是非常危险的。

CVaR 克服了 VaR 的这些缺点，逐渐成为风险管理中更常用的一种方法。CVaR 具有一致性度量并且满足次可加性，更为重要的是 CVaR 值一般都会较 VaR 值大，在出现高峰厚尾现象的时候，当损失超过 VaR 值时，CVaR 还是可以覆盖风险的，也就是 CVaR 值更能有效地衡量实际损失值，金融机构可以采取计算 CVaR 和 VaR 两个值来进行风险管理。

2. CVaR 计算及返回检验

CVaR 定义是实际损失超过了 VaR 值的平均值，比如用 $f(w)$ 表示损失函数的话，那么 $f(w) < 0$ 表示没有损失，如果 $f(w) > 0$ 的话，表明有损失，则 CVaR 的表达式为：$CVaR = E[f(w) \, f(w) > VaR]$。由上式可以看出 CVaR 计算的是超过 VaR 的极端值的平均值，从数学上看，CVaR 实际上是一个条件期望值，CVaR 比 VaR 好。

在 t 分布条件下，CVaR 为：

$$CVaR = E[p_{t-1}q\sqrt{h_t} \,|\, p_{t-1}q\sqrt{h_t} > p_{t-1}\alpha\sqrt{h_t}]$$

$$= p_{t-1}\sqrt{h_t}E[q \,|\, q > \alpha]$$

$$= p_{t-1}\sqrt{h_t}\frac{\int_{-\infty}^{-\alpha} -qf(q)dq}{\int_{-\infty}^{-\alpha}f(q)dq}$$

$$= \frac{-p_{t-1}\sqrt{h_t}}{1-c} \int_{-\infty}^{-\alpha} q f(q) \, dq$$

$$= \frac{-p_{t-1}\sqrt{h_t}}{1-c} \frac{\sqrt{d}}{(d-1)\sqrt{\pi}} \frac{\Gamma((d+1)/2)}{\Gamma(d/2)} \left(1 + \frac{\alpha^2}{d}\right)^{\frac{1-d}{2}} \quad (3\text{-}14)$$

同理可得在 GED 分布条件下，CVaR 为：

$$\text{CVaR} = \frac{-p_{t-1}\sqrt{h_t}}{1-c} \int_{-\infty}^{-\alpha} q \frac{d \exp\left[\frac{-1}{2}|q/\lambda|^d\right]}{\lambda 2^{[(d+1)/d]} \Gamma(1/d)} \quad (3\text{-}15)$$

其中 $\lambda = \left[\frac{2^{(-2/d)}\Gamma(1/d)}{\Gamma(3/d)}\right]^{1/2}$，$c$ 为置信度，α 表示对应于置信水平 c 的分位数，公式(3-15)可用 matlab 求解。

对 CVaR 的返回测试，主要是测定超过 VaR 的值与 CVaR 的差距究竟有多大，CVaR 究竟有没有接近实际的损失值。

因为 CVaR 在理论上是表示超过 VaR 的均值。于是我们定义一个检验统计量：

$$\text{DLC} = \left| \frac{1}{n}\sum_{i=1}^{n} X_i - \frac{1}{n}\sum_{i=1}^{n} \text{CVaR}_i \right| \quad (3\text{-}16)$$

DLC 表示损失值平均值与 CVaR 平均值之间的差距，也就是 CVaR 均值与损失平均值接近程度，其中 $\frac{1}{n}\sum_{i=1}^{n} X_i$ 表示损失超过了 VaR 时，这些损失的期望值，$\frac{1}{n}\sum_{i=1}^{n} \text{CVaR}_i$ 表示超过 VaR 条件风险价值的期望值，DLC 越小表示 CVaR 的期望值与实际损失的期望值越接近，CVaR 估计得越好。

(四)模型的改进

本章首先对常用的 RAROC 模型进行改进，将 CVaR 引入到 RAROC 模型中，以 2006 年到 2009 年三年半的数据对我国开放式基金进行绩效评价。计算 CVaR 和 VaR 时都采用新的方法，运用 GARCH、EGARCH、PARCH 模型和残差服从 t 和 GED 分布的组合来计算，接着通过返回测试提高 VaR 和 CVaR 精度，并且将 CVaR 与 VaR 的结果都进行测试比较。

思考题：

1. 简述基金评价的三个指数方法。

2. RAROC 方法比三个指数方法的优势是什么？

3. VaR 和 CVaR 的区别在哪里？

第四章　开放式基金业绩评价实务操作

一、数据基本分析

(一) 样本的选取

本书选取成立于 2006 年以前，基金规模在 30 亿以上的 29 只开放式基金，样本数据为日基金净值和现金收益数据以及中国人民银行公布的历年利率数据，数据来源于同花顺数据库，wind 数据库，中国人民银行数据库以及天天基金网，总研究时间为 2006 年 1 月 6 日到 2019 年 5 月 23 日，时间区间分为两部分：①先对基金短期业绩进行评价，研究区间为 2006 年 1 月 6 日至 2009 年 5 月 22 日。②后对基金长期业绩进行评价，研究区间为 2009 年 5 月 23 日至 2019 年 5 月 23 日。

表 4-1　　　　　　　　　　　　样本基金公司

基金名称	成立时间	总资产(亿)	管理公司
博时增长	2002-10-9	214.04	博时基金公司
融通新蓝筹	2002-9-13	175.75	融通基金公司
嘉实稳健	2003-7-9	174.19	嘉实基金公司
大成蓝筹	2004-6-3	147.18	大成基金公司
博时裕富	2003-8-26	142.44	博时基金公司
大成价值	2002-11-11	136.57	大成基金公司
富国天益	2004-6-15	130.13	富国基金公司

续表

基金名称	成立时间	总资产(亿)	管理公司
量化核心	2004-8-27	150.06	光大保德信基金
华宝策略	2004-5-11	84.3	华宝兴业基金
华夏回报	2003-9-5	162.89	华夏基金公司
华安创新	2001-9-21	83.43	华安基金公司
银华88	2004-8-11	152.81	银华基金公司
诺安平衡	2004-5-21	95.17	诺安基金公司
招商先锋	2004-6-1	82.18	招商基金公司
海富精选	2003-8-22	91.57	海富通基金公司
博时精选	2004-6-22	143.88	博时基金公司
景顺平衡	2003-10-24	69.29	景顺长城基金公司
博时主题	2005-1-6	174.77	博时基金公司
国泰金马	2004-6-18	78.38	国泰基金公司
易基积极	2004-9-9	85.29	易方达基金公司
南方稳健	2001-9-28	80.07	南方基金公司
广发聚富	2003-12-3	77.52	广发基金公司
海富收益	2004-3-12	43.51	海富通基金公司
广发稳健	2004-7-26	106.45	广发基金公司
宝盈泛沿海	2003-6-16	36.14	宝盈基金公司
银华优势	2002-11-13	47.12	银华基金公司
银华优选	2005-9-27	156.78	银华基金公司
富国天瑞	2005-4-5	101.5	富国基金限公司
景顺鼎盛	2005-3-16	87.92	景顺长城基金公司

(二) 市场基准组合的构建

现在基金绩效评价中,需要一个市场基准组合,而中国证券市场中只有上指和深指,没有一个业内公认的权威性指数,没有一个统一的代表中国股市的指数。

根据证券投资基金管理法规定：基金投资于国家债券的比例不得低于该基金资产净值的20%。因此，按照通用的做法，构造一个中信标普 A 股综合指数占权重80%、中信标普国债指数占权重20%的复合指数作为评价开放式基金业绩的市场基准：$R_{mt} = 0.8R_{ZX, t} + 0.2R_{ZXb, t}$，其中 R_{mt} 表示市场基准组合在第 t 日的收益率，$R_{ZX, t}$ 表示中信综合指数在第 t 日的收益率，$R_{ZXb, t}$ 表示中信国债指数在第 t 日的收益率。(数据来源于中信标普指数服务网)

(三) 市场无风险利率的确定

在国外发达市场中，市场无风险利率采取的都是 3 个月的国库券利率，但是中国没有短期国债发行，且品种非常少，国债市场不是很发达。

在中国，存在银行的一年定期存款是无风险的，因此大多数学者是采用银行定期一年的利率作为无风险利率，因此，本书也选取一年期定期存款利率作为无风险利率。但由于数据的选取期经历了国家多次利息调整，因此本书将按加权值进行调整。(数据来源中国人民银行网站)

(1)2006 年 1 月 6 日至 2006 年 8 月 19 日，共32 周，一年定期为 2.25%，换成周收益率：$(1+2.25\%)^{1/52} - 1 = 0.00042799$

(2)2006 年 8 月 19 日至 2007 年 3 月 18 日，共30 周，一年定期为 2.52%，换成周收益率：$(1+2.52\%)^{1/52} - 1 = 0.00047827$

(3)2007 年 3 月 18 日至 2007 年 5 月 19 日，共9 周，一年定期为 2.79%，换成周收益率：$(1+2.79\%)^{1/52} - 1 = 0.00052933$

(4)2007 年 5 月 19 日至 2007 年 7 月 21 日，共9 周，一年定期为 3.06%，换成周收益率：$(1+3.06\%)^{1/52} - 1 = 0.00057981$

(5)2007 年 7 月 21 日至 2007 年 8 月 22 日，共5 周，一年定期为 3.33%，换成周收益率：$(1+3.33\%)^{1/52} - 1 = 0.00063015$

(6)2007 年 8 月 22 日至 2007 年 9 月 15 日，共3 周，一年定期为 3.6%，换成周收益率：$(1+3.6\%)^{1/52} - 1 = 0.00068037$

(7)2007 年 9 月 15 日至 2007 年 12 月 21 日，共14 周，一年定期为 3.87%，换成周收益率：$(1+3.87\%)^{1/52} - 1 = 0.00073046$

(8)2007 年 12 月 21 日至 2008 年 10 月 9 日，共42 周，一年定期为 4.14%，

换成周收益率：$(1+4.14\%)^{1/52}-1=0.00078042$

(9)2008 年 10 月 9 日至 2008 年 10 月 30 日，共 3 周，一年定期为 3.87%，换成周收益率：$(1+3.87\%)^{1/52}-1=0.00073046$

(10)2008 年 10 月 30 日至 2008 年 11 月 27 日，共 4 周，一年定期为 3.6%，换成周收益率：$(1+3.6\%)^{1/52}-1=0.00068037$

(11)2008 年 11 月 27 日至 2009 年 5 月 22 日，共 25 周，一年定期为 2.52%，换成周收益率：$(1+2.52\%)^{1/52}-1=0.00047872$

综合上述数据，根据加权原则，可以计算出无风险利率(见表 4-2)：

表 4-2　　　　　　　　　　　　　无风险利率的计算

时间	一年定期	周收益率	时间加权	加权值	无风险利率
20060106—20060819	2.25%	0.00042799	32	0.01369568	
20060819—20070318	2.52%	0.00047872	30	0.0143616	
20070318—20070519	2.79%	0.00052933	9	0.00476397	
20070519—20070721	3.06%	0.00057981	9	0.00521829	
20070721—20070822	3.33%	0.00063015	5	0.00315075	
20070822—20070915	3.6%	0.00068037	3	0.00204111	0.000585888
20070915—20071221	3.87%	0.00073046	14	0.01022644	
20071221—20081009	4.14%	0.00078042	42	0.03277764	
20081009—20081030	3.87%	0.00073046	3	0.00219138	
20081030—20081127	3.6%	0.00068037	4	0.00272148	
20081127—20090522	2.52%	0.00047872	25	0.011968	

(四)基金投资组合 β 值的估计

本书对基金投资组合 β 值的估计，是根据 CAPM 模型，通过运用基金周收益率与市场基准组合周收益率进行回归来估计的。

(五)平稳性检验和正态性检验

对 29 只基金日收益率系列进行 ADF 和 PP 检验，检验结果显示，基金日收益率系列在1%的显著性水平下拒绝原假设，即基金日收益率系列是平稳的。

对样本基金的峰度、偏度和JB统计量进行计算。如表4-3的结果证明，29只开放式基金日收益率时间序列的Jarque-Bera统计量都大于30，其相应的伴随概率p值非常的小，拒绝收益率序列为正态分布的原假设，说明开放式基金的日收益率时间序列为非正态分布，存在着尖峰、厚尾性。

表4-3 正态性检验

基金名称	偏度	峰度	JB统计量	P值
博时增长	-0.22596	10.24422	1797.805	0
融通新蓝筹	-0.48641	10.81699	2117.516	0
嘉实稳健	-0.25098	3.814914	31.26039	0
大成蓝筹	-0.48951	8.952413	1241.799	0
博时裕富	-0.68988	9.841023	1662.002	0
大成价值	0.172684	7.183962	601.4469	0
富国天益	-0.60139	8.693987	1155.751	0
量化核心	-0.50852	8.023966	896.6213	0
华宝策略	-0.51974	8.881742	1217.423	0
华夏回报	-0.14544	7.01009	551.6453	0
华安创新	-0.33317	4.33381	75.86143	0
银华88	-0.37765	5.4147	218.4426	0
诺安平衡	0.285755	7.202299	613.7701	0
招商先锋	-0.17561	5.974732	306.1825	0
海富精选	-0.34097	4.577859	100.8284	0
博时精选	0.01583	4.350614	62.28359	0
景顺平衡	-0.16071	7.335067	644.8299	0
博时主题	-0.32681	4.642324	106.6221	0
国泰金马	-0.39686	4.812773	133.6385	0
易基积极	-0.39577	4.520919	100.3177	0

基金名称	偏度	峰度	JB 统计量	P 值
南方稳健	0.439407	7.227414	636.2042	0
广发聚富	−0.2402	4.956262	138.4703	0
海富收益	−0.33891	6.448988	420.5829	0
广发稳健	−0.32555	3.902272	42.24754	0
宝盈泛沿海	−0.26224	4.864392	128.0045	0
银华优势	−0.30513	5.152948	170.884	0
银华优选	−0.28971	4.343826	73.08176	0
富国天瑞	−0.26821	4.276143	65.39354	0
景顺鼎盛	−0.34934	6.171967	360.0029	0

(六) 自相关检验和异方差性检验

根据基金日收益率自相关函数值与偏相关函数值以及系列相关的 LM 检验统计量可知，基金日收益率之间不存在自相性。对样本基金日收益率系列进行 ARCH—LM 检验。检验结果显示，除博时主题、银华优选、富国天瑞外，其余 26 只基金在 F 统计量和 $Obs*R^2$ 统计量下的伴随概率 p 值都小于 0.05。因此可以认为开放式基金的日收益率序列普遍存在异方差性。

(七) 显著性水平

根据本书研究和比较的需要，将置信区间定在 95%，这一水平下得到的值与基金实际风险水平较为接近，有一定的借鉴意义。

二、传统方法实务操作

通过公式 (3-1) 和公式 (3-2) 可以计算出下列结果。表 4-4 是 29 只样本基金收益率和风险指标业绩评价与基准组合的比较结果。

表 4-4 样本同基准组合的比较

基金名称	β 值	平均收益率	名次	标准差	名次(从小到大)
博时增长	0.783747	0.0068273	14	0.037054	7
融通新蓝筹	0.74503	0.007638588	7	0.036644	6
嘉实稳健	0.894916	0.003300236	25	0.053803	21
大成蓝筹	0.942572	0.007078666	10	0.044326	16
博时裕富	1.108968	0.006833141	12	0.049365	18
大成价值	0.903329	0.007561508	8	0.041119	14
富国天益	0.816184	0.006736467	15	0.050867	19
量化核心	1.024539	0.003092584	28	0.071212	28
华宝策略	0.78928	0.005439513	21	0.058932	22
华夏回报	0.607345	0.009339883	2	0.031936	1
华安创新	0.870782	0.002541988	29	0.070133	27
银华88	0.949415	0.008274692	4	0.044825	17
诺安平衡	0.809238	0.007077323	11	0.037661	8
招商先锋	0.776136	0.006830489	13	0.035594	4
海富精选	0.837691	0.003290882	26	0.068737	26
博时精选	0.867251	0.008005141	6	0.039577	11
景顺平衡	0.705111	0.006578865	16	0.035004	3
博时主题	0.840362	0.009578517	1	0.039028	10
国泰金马	1.004338	0.003514194	24	0.075109	29
易基积极	0.821033	0.004908957	22	0.064056	24
南方稳健	0.84104	0.006346719	17	0.040685	12
广发聚富	0.843721	0.007540826	9	0.038638	9
海富收益	0.795206	0.005557275	20	0.03655	5
广发稳健	0.914768	0.008225093	5	0.043284	15
宝盈泛沿海	0.806754	0.003198042	27	0.051842	20

续表

基金名称	β 值	平均收益率	名次	标准差	名次(从小到大)
银华优势	0.708519	0.006227202	18	0.033367	2
银华优选	0.91894	0.005998762	19	0.060941	23
富国天瑞	1.021441	0.004578534	23	0.064116	25
景顺鼎盛	0.869498	0.008750945	3	0.040777	13
基准市场	1	0.006851567	/	0.042763	/

从表 4-4 中可知，在业绩评价期间内全部的开放式基金的周平均收益率均为正数，且有 11 只基金的收益率高于同期市场基准组合的周平均收益率，占基金总数的 38%，收益标准差表示基金的总体风险，15 只基金的风险高于基准组合，占基金总数的 51%。

其中博时主题的周平均收益率最高，并且其风险中等，说明其盈利能力比较强，投资理念成熟。华夏回报期风险最小，但是收益率却非常高，仅次于博时主题，排名第二，很显然，华夏回报在控制风险的同时获得了高利润，在风险管理上比博时主题好。

从表 4-4 中也可知，我国优秀基金和落后基金的业绩相差非常大，华安创新的收益率排名最后，仅为博时主题行业的 1/4，但是风险却高达博时主题行业的 1.5 倍，风险最大的是量化核心，它的收益率却排名倒数第二。从表 4-4 中还可知，大多数样本基金的 β 系数在 1.0 左右，这说明我国大多数开放式基金所面临的系统性风险很高。

表 4-5　　　　　　　　三大指数之间的比较

基金名称	特雷诺指数	名次	夏普指数	名次	詹森指数	名次
博时增长	0.00796355	12	0.168441	14	0.001331	12
融通新蓝筹	0.00946633	3	0.192465	4	0.002385	4
嘉实稳健	0.00303308	26	0.05045	24	−0.00289	26
大成蓝筹	0.00688836	16	0.146478	15	0.000587	16
博时裕富	0.00563339	21	0.126552	18	−0.0007	21

基金名称	特雷诺指数	名次	夏普指数	名次	詹森指数	名次
大成价值	0.00772213	14	0.169645	12	0.001316	13
富国天益	0.00753577	15	0.120915	19	0.001037	15
量化核心	0.00244666	28	0.0352	28	−0.00391	29
华宝策略	0.00614943	19	0.08236	21	−9.2E−05	19
华夏回报	0.01441355	1	0.274111	1	0.004949	1
华安创新	0.00224637	29	0.027891	29	−0.0035	28
银华88	0.00809846	9	0.171529	10	0.00174	7
诺安平衡	0.00802166	11	0.172365	9	0.001421	10
招商先锋	0.00804576	10	0.17544	8	0.001382	11
海富精选	0.00322911	25	0.039353	26	−0.00254	25
博时精选	0.00855491	5	0.187464	5	0.001985	5
景顺平衡	0.00849934	6	0.171208	11	0.001575	9
博时主题	0.0107009	2	0.230415	2	0.003727	2
国泰金马	0.00291566	27	0.038987	27	−0.00336	27
易基积极	0.0052654	22	0.067489	22	−0.00082	22
南方稳健	0.00684965	17	0.141596	16	0.000491	17
广发聚富	0.00824317	8	0.180003	6	0.001668	8
海富收益	0.0062517	18	0.136016	17	−1.10E−05	18
广发稳健	0.00835097	7	0.17649	7	0.001908	6
宝盈泛沿海	0.00323786	24	0.050387	25	−0.00244	24
银华优势	0.00796212	13	0.169069	13	0.001202	14
银华优选	0.00589035	20	0.088822	20	−0.00034	20
富国天瑞	0.00390884	23	0.062272	23	−0.00241	23
景顺鼎盛	0.00939054	4	0.200237	3	0.002717	3
基准市场	0.00626568	/	0.146521	/	0	/

由公式(3-3)、公式(3-4)、公式(3-5)可以计算出表4-5中的结果。根据表4-5，从总体上来看，以系统性风险为调整基础的特雷诺指数作为评价标准，全

部的特雷诺指数大于0，说明样本基金承担每单位系统风险所获得的收益率超过了无风险收益率，其中17只基金特雷诺指数都大于基准组合。

有17只基金詹森指数大于0，说明基金收益除了补偿了系统风险外，还有部分的超额收益，基金的业绩优于市场组合业绩，投资业绩良好，12只基金的詹森值小于0，说明基金业绩对系统风险的要求都无法完全补偿，基金的业绩劣于市场组合业绩。

以总风险为调整基础的夏普指数为标准，全部的夏普指数大于0，全部基金的收益率超过无风险利率，其中14只基金优于市场组合。

无论以何种指数为评价标准，华夏回报和博时主题都分别位于第一位和第二位，从大的方面来看，这两只基金都是非常好的，提高收益的同时，控制了风险，显然，华夏回报比博时主题这方面做得更好。而量化核心和华安创新相对最弱，排在最后两名，这都跟表4-5中的结果一样。南方稳健的夏普指数小于基准组合，说明如果以夏普指数为标准，南方稳健的业绩劣于市场基准组合。但另一方面，南方稳健的特雷诺指数大于基准组合，且其詹森指数大于0，表明南方稳健的业绩优于基准组合的业绩。景顺平衡特雷诺指数排名第六，夏普指数却排名第十一，说明其非系统性风险较大。

从29只基金的特雷诺指数可以看出，排名第一的华夏回报是排名最后的华安创新的7倍，说明承担同样的系统风险，华夏回报所得的收益高达华安创新的7倍，从夏普指数也可以看出总风险一样的情况下，排名第二的博士主题的收益高达华安创新的8倍，同理，从詹森指数也出现了同样的情况，说明我国基金绩效相差较大。收益率指标同三大经典指数相比，我们可以看出很多不同之处，大成蓝筹、大成价值、博时裕富、景顺平衡的排名变化比较大，收益率指标并没有考虑到风险的因素在里面，单纯的以收益来衡量绩效，有其不妥之处，三大经典指数以标准差衡量总风险，β值衡量系统风险，在考虑收益的同时考虑了风险因素，比收益率指标的绩效衡量更加准确。

在考察基金业绩来源时，我们重点考察基金经理人的证券选择能力和市场时机选择能力，所以本书采用T-M模型和H-M模型分别对样本基金的证券选择能力和市场时机选择能力两方面进行分析，经公式(3-6)、公式(3-7)可以得出下列结果。

表 4-6 **T-M 回归参数表**

基金名称	α	T 值	P 值	β_2	T 值	P 值	R^2
博时增长	0.001573	1.030673	0.3042	-0.11659	-0.26252	0.7933	0.808628
融通新蓝筹	0.003262	1.856283	0.0653	-0.45084	-0.88165	0.3793	0.740586
嘉实稳健	-0.000678	-0.19359	0.8467	-1.24305	-1.21929	0.2245	0.521702
大成蓝筹	-0.00015	-0.08541	0.932	0.408934	0.802685	0.4233	0.824029
博时裕富	-0.000845	-0.67206	0.5025	0.070079	0.191604	0.8483	0.926874
大成价值	0.000908	0.660867	0.5096	0.23793	0.59497	0.5527	0.873997
富国天益	-3.26E-04	-0.09337	0.9257	0.756053	0.744123	0.4579	0.468518
量化核心	-0.004345	-0.82871	0.4085	0.189656	0.124315	0.9012	0.3886
华宝策略	-0.002014	-0.44377	0.6578	1.04832	0.793734	0.4285	0.330909
华夏回报	0.003451	1.889132	0.0607	0.876047	1.648191	0.1013	0.630997
华安创新	-0.001854	-0.33354	0.7392	-0.93966	-0.58087	0.5621	0.291263
银华88	0.000459	0.250824	0.8023	0.719955	1.352683	0.1781	0.812182
诺安平衡	0.000559	0.388917	0.6979	0.487115	1.163908	0.2462	0.835493
招商先锋	0.001421	1.128474	0.2608	-0.00516	-0.01407	0.9888	0.858844
海富精选	-0.004177	-0.75986	0.4485	0.861509	0.538589	0.5909	0.278613
博时精选	0.001493	1.089578	0.2775	0.291963	0.732038	0.4652	0.864715
景顺平衡	0.001944	1.137024	0.2572	-0.18299	-0.36776	0.7135	0.730832
博时主题	0.003492	2.253708	0.0256	0.17252	0.382666	0.7025	0.822243
国泰金马	-0.005703	-0.9903	0.3235	1.236886	0.738071	0.4616	0.336823
易基积极	-0.001299	-0.25799	0.7967	0.251316	0.171474	0.8641	0.30262
南方稳健	-0.000295	-0.164	0.8699	0.435019	0.830615	0.4074	0.77925
广发聚富	0.00177	1.300516	0.1953	-0.03551	-0.08968	0.9287	0.860113
海富收益	5.35E-04	0.425337	0.6712	-0.29844	-0.81482	0.4164	0.866229
广发稳健	0.001424	0.791879	0.4296	0.286671	0.547982	0.5845	0.80541
宝盈泛沿海	-0.002057	-0.56955	0.5698	-0.23912	-0.22747	0.8203	0.452306

续表

基金名称	α	T 值	P 值	β_2	T 值	P 值	R^2
银华优势	1.14E-03	0.840818	0.4017	0.049905	0.126879	0.8992	0.814898
银华优选	-0.002615	-0.59847	0.5504	1.234874	0.971366	0.3328	0.420294
富国天瑞	-0.004347	-0.99277	0.3223	1.030531	0.808747	0.4199	0.473841
景顺鼎盛	2.79E-03	1.684044	0.0941	-0.00851	-0.01764	0.986	0.813619

表 4-7   **H-M 回归参数表**

基金名称	α	T 值	P 值	β_2	T 值	P 值	R^2
博时增长	0.000906	0.446453	0.6559	0.027304	0.289585	0.7725	0.808646
融通新蓝筹	0.003301	1.410408	0.1604	-0.052111	-0.479187	0.6325	0.739699
嘉实稳健	0.002338	0.502811	0.6158	-0.318737	-1.475764	0.142	0.52374
大成蓝筹	-0.001605	-0.691455	0.4903	0.132786	1.231002	0.2201	0.824978
博时裕富	-0.001226	-0.733919	0.4641	0.030705	0.395569	0.6929	0.926929
大成价值	6.77E-06	0.003708	0.997	0.080532	0.950156	0.3435	0.874427
富国天益	-0.003277	-0.707908	0.48	0.261142	1.214083	0.2265	0.471547
量化核心	-0.002727	-0.39115	0.6962	-0.076517	-0.236269	0.8135	0.388754
华宝策略	-0.004043	-0.670111	0.5038	0.237843	0.848461	0.3974	0.331283
华夏回报	0.001257	0.519718	0.604	0.228751	2.036009	0.0434	0.634209
华安创新	0.000617	0.083488	0.9336	-0.252461	-0.735555	0.4631	0.292162
银华 88	-0.001777	-0.734716	0.4636	0.214069	1.904954	0.0586	0.814247
诺安平衡	-0.000905	-0.475162	0.6353	0.141941	1.603485	0.1108	0.836724
招商先锋	0.000928	0.554484	0.58	0.029112	0.374419	0.7086	0.858967
海富精选	-0.006993	-0.957612	0.3397	0.264618	0.779985	0.4366	0.280042
博时精选	0.000343	0.188959	0.8504	0.101458	1.201584	0.2313	0.865476
景顺平衡	0.001398	0.614675	0.5396	0.012695	0.120128	0.9045	0.730629
博时主题	0.00266	1.292623	0.198	0.069116	0.722948	0.4708	0.82266
国泰金马	-0.008852	-1.156943	0.249	0.326071	0.917316	0.3604	0.338046
易基积极	-0.001268	-0.189346	0.8501	0.025849	0.083068	0.9339	0.302522

续表

基金名称	α	T 值	P 值	β_2	T 值	P 值	R^2
南方稳健	−0.002265	−0.951158	0.343	0.166633	1.505962	0.134	0.781397
广发聚富	0.001101	0.608655	0.5436	0.036363	0.432821	0.6657	0.86027
海富收益	0.00056	0.333961	0.7388	−0.034394	−0.441665	0.6593	0.865837
广发稳健	0.000305	0.127891	0.8984	0.098971	0.892483	0.3735	0.80601
宝盈泛沿海	−0.00047	−0.097879	0.9222	−0.121984	−0.547014	0.5851	0.453151
银华优势	0.000494	0.275097	0.7836	0.044193	0.529663	0.5971	0.815204
银华优选	−0.00586	−1.010526	0.3138	0.33168	1.231085	0.2201	0.422347
富国天瑞	−0.00508	−0.871574	0.3847	0.157819	0.582807	0.5608	0.472809
景顺鼎盛	0.002085	0.946512	0.3453	0.041587	0.406324	0.685	0.813811

表4-6，表4-7是基金选股择时能力的回归参数表，从以上两表中，我们可看出：

（1）选股能力分析

在 T-M 模型中，29 只基金中有 15 只基金的选股能力指标 α 值大于 0，说明基金经理人具有证券选择能力；14 只基金的 α 值小于 0，说明基金经理人缺乏证券选择能力。从系数的检验结果看，只有博时主题在 5% 的显著性水平下通过了 t 统计量的检验，α 值显著大于 0，且这只基金的 α 值在样本基金中排名第二位，说明基金选股能力很强。

在 H-M 模型中，15 只基金的选股能力 α 值大于 0，说明具有证券选择能力，14 只基金的 α 值小于 0。从系数的检验结果看，没有一只基金能在 5% 的显著性水平下通过 t 统计量检验。

因此，从总体上看，有一半的样本基金具有一定的选股能力，但表现不显著。绝大多数基金的 α 值未能通过检验，说明尚缺乏足够的证据表明基金经理人具有显著的证券选择能力。

（2）择时能力分析

在 T-M 模型中，19 只基金的择时能力指标 β_2 值大于 0，说明基金经理人具有市场时机选择能力；10 只基金的 β_2 值小于 0，说明基金经理人缺乏市场时机选择能力。从系数的检验结果看，没有一只基金在 5% 的显著性水平下通过了 t 统计量的检验。

在 H-M 模型中，23 只基金的择时能力指标 β_2 值大于 0，6 只基金的 β_2 值小于 0。从系数的检验结果看，只有华夏回报基金在 5% 的显著性水平下通过了 t 统计量的检验，β_2 值显著大于 0。

从总体上看，大部分样本基金具有一定的市场时机选择能力，绝大多数基金的 β_2 值未能通过检验，说明尚缺乏足够的证据表明基金经理人成功地实施了市场时机把握策略，具有预测证券市场走势的能力。

三、VaR 和 RAROC 的计算

(一)计算 VaR 和结果返回测试

前面已经检验各基金残差分布，不符合正态分布，假设残差服从 t 分布和 GED 分布，采取 GARCH 族(1，1)模型和残差的不同分布，通过 Eviews，运用 SCALAR 函数结合计算出来的自由度可以计算出 VaR 在 t 分布和 GED 分布下的分布点。表 4-8 是计算出来的 29 个基金在六种不同组合下的 VaR 分位点。

表 4-8　　　　　　　　　　　　　　VaR 的分位点

95%置信水平	GARCH-T	GARCH-GED	EGARCH-T	EGARCH-GED	PARCH-T	PARCH-GED
博时增长	1.938	1.6515	1.9658	1.6517	1.9311	1.6517
融通新蓝筹	1.8667	1.6527	1.8594	1.6527	1.8559	1.65274
嘉实稳健	1.7757	1.6524	1.7762	1.65239	1.7755	1.65237
大成蓝筹	1.9325	1.6521	1.91514	1.6524	1.9042	1.6525
博时裕富	1.8609	1.65254	1.8448	1.65266	1.8423	1.65268
大成价值	1.8656	1.65242	1.8442	1.65264	1.84282	1.65255
富国天益	1.86465	1.65272	1.85504	1.65274	1.84767	1.65273
量化核心	1.85747	1.65268	1.83622	1.65274	1.82463	1.65273
华宝策略	1.85745	1.65273	1.82978	1.6526	1.83478	1.65262
华夏回报	1.81676	1.65257	1.81574	1.65254	1.81605	1.65254

续表

95%置信水平	GARCH-T	GARCH-GED	EGARCH-T	EGARCH-GED	PARCH-T	PARCH-GED
华安创新	1.82382	1.65266	1.80989	1.65254	1.8119	1.65255
银华88	1.86012	1.65274	1.85641	1.65273	1.85507	1.65274
诺安平衡	1.8498	1.6526	1.7471	1.65262	1.85024	1.65272
招商先锋	1.885	1.65238	1.86964	1.65258	1.87864	1.65252
海富精选	1.90748	1.65209	1.89368	1.65228	1.89549	1.65224
博时精选	1.91273	1.65213	1.90574	1.65221	1.90422	1.65223
景顺平衡	1.9021	1.65248	2.3664	1.65259	1.89364	1.65257
博时主题	1.97137	1.6503	1.96323	1.65044	1.966	1.65038
国泰金马	1.96423	1.64996	1.73108	1.6498	1.9531	1.6501
易基积极	1.8515	1.65274	1.8445	1.65272	1.83672	1.65268
南方稳健	1.9362	1.65188	1.94115	1.65176	1.93115	1.652
广发聚富	1.82073	1.65256	1.80602	1.65243	1.8112	1.65245
海富收益	1.939	1.6517	1.92226	1.652	1.92925	1.65191
广发稳健	1.7669	1.65126	1.76336	1.65115	1.751	1.65091
宝盈泛沿海	1.95316	1.65177	1.9445	1.65184	1.72688	1.65183
银华优势	1.83938	1.65273	1.81223	1.65258	1.81297	1.65258
银华优选	1.852	1.65273	1.84127	1.65269	1.84448	1.6527
富国天瑞	1.90932	1.65196	1.92934	1.65208	1.89294	1.6522
景顺鼎盛	1.86788	1.6525	1.84433	1.65257	1.8638	1.65256

通过公式(3-8)、公式(3-9)便可以计算出各基金的周 VaR 值，每只基金共有六个 VaR 值，结果见表4-9。

表4-9   不同模型不同分布下的周 VaR 值

周绝对 VaR 值	GARCH-T	GARCH-GED	EGARCH-T	EGARCH-GED	PARCH-T	PARCH-GED
博时增长	0.0754923	0.062436465	0.080688116	0.061935569	0.07463877	0.062133551
融通新蓝筹	0.0697626	0.060804116	0.068276546	0.059754832	0.06857369	0.060052292
嘉实稳健	0.1117894	0.103606334	0.11155348	0.103379555	0.11136132	0.103284287

续表

周绝对 VaR 值	GARCH-T	GARCH-GED	EGARCH-T	EGARCH-GED	PARCH-T	PARCH-GED
大成蓝筹	0.0910407	0.07588969	0.088904777	0.075004075	0.08835624	0.074804226
博时裕富	0.0925058	0.081183452	0.090875329	0.080579407	0.09108687	0.080893601
大成价值	0.0699786	0.060840117	0.068445751	0.063139326	0.06847208	0.060662522
富国天益	0.0910254	0.079321352	0.088400204	0.077439152	0.08821937	0.07764551
量化核心	0.0987391	0.086838177	0.095994447	0.085547322	0.09515314	0.085484261
华宝策略	0.116637	0.102269854	0.113788789	0.101503146	0.11490504	0.102214304
华夏回报	0.062082	0.055650729	0.061304027	0.055028995	0.06165775	0.055359937
华安创新	0.1569724	0.141175102	0.154699723	0.140370513	0.15523391	0.140647326
银华88	0.0816841	0.071640979	0.08107438	0.071029049	0.08094142	0.071305903
诺安平衡	0.064004	0.055889768	0.062850153	0.055722515	0.06373567	0.056013158
招商先锋	0.0619177	0.053052967	0.060870638	0.052802244	0.06150006	0.05302583
海富精选	0.15691	0.133828503	0.154263585	0.133007521	0.15462325	0.133228434
博时精选	0.1030741	0.087145298	0.102616319	0.087168363	0.10246655	0.087117756
景顺平衡	0.0680916	0.057922527	0.08900792	0.057227976	0.06744815	0.057668202
博时主题	0.1238678	0.100679376	0.120684042	0.10096086	0.1235704	0.100754465
国泰金马	0.2195513	0.179999651	0.184735964	0.180401086	0.21817081	0.18002578
易基积极	0.1914048	0.169557442	0.19029791	0.169355459	0.18969631	0.16945992
南方稳健	0.0943426	0.078765687	0.094667903	0.078713866	0.09412415	0.078751727
广发聚富	0.0854404	0.076628536	0.083993918	0.076016667	0.08452823	0.07619504
海富收益	0.0645651	0.053888777	0.063332848	0.053399227	0.06393302	0.053663721
广发稳健	0.0973765	0.090509436	0.097134156	0.090524674	0.0962594	0.090390213
宝盈泛沿海	0.1034573	0.085547532	0.102964133	0.085668342	0.08777134	0.085283307
银华优势	0.0628886	0.055905453	0.061047992	0.055236001	0.06108175	0.055247149
银华优选	0.2303547	0.203561946	0.228285061	0.203115884	0.22884609	0.203157027
富国天瑞	0.129625	0.110274374	0.132518847	0.110410419	0.12838197	0.110352534
景顺鼎盛	0.088142	0.07678159	0.085971162	0.076227356	0.08742854	0.076305139

从上面结果可以看出每个基金都有六种不同的计算结果，各个基金的 VaR 值相差较大，其中，华安创新、国泰金马、银华优选的 VaR 值都非常大，高达华夏回报、招商先锋和景顺平衡的四五倍，由此可见各基金的风险控制能力相差

太大。

从表 4-9 数据总体来看，同个基金，同一族模型下，t 分布比 GED 分布计算的值都要高，同分布下，大部分 GARCH 模型计算的结果要高于 EGARCH 和 PARCH，且 EGARCH 和 PARCH 模型同分布下计算的结果都较为接近。六种不同的计算结果下，到底哪个结果更加精确。运用库皮克检验方法对每个基金的 6 个 VaR 值的准确性进行返回检验，运用公式(3-13)，可以检验各基金的失败率 P 和 LR 统计量，这样就可以确定每个基金哪种模型组合计算出的 VaR 结果精度最高了。

表 4-10　　　　　　　各个基金的失败率和 LR 统计量

基金名称	GARCH-T	GARCH-GED	EGARCH-T	EGARCH-GED	PARCH-T	PARCH-GED
博时增长	P 0.0368	P 0.0528	P 0.0356	P 0.0491	P 0.0356	P 0.0479
	LR 3.273	LR 0.1285	LR 3.9481	LR 0.0146	LR 3.9481	LR 0.0802
融通新蓝筹	P 0.0331	P 0.0491	P 0.0331	P 0.0491	P 0.0331	P 0.0503
	LR 5.515	LR 0.0146	LR 5.5153	LR 0.0146	LR 5.5153	LR 0.0016
嘉实稳健	P 0.0491	P 0.0589	P 0.0454	P 0.0577	P 0.0454	P 0.0564
	LR 0.0146	LR 1.2876	LR 0.3743	LR 0.9636	LR 0.3743	LR 0.6847
大成蓝筹	P 0.0294	P 0.0515	P 0.0307	P 0.0491	P 0.0282	P 0.0466
	LR 8.448	LR 0.0400	LR 7.3892	LR 0.0146	LR 9.5936	LR 0.1996
博时裕富	P 0.038	P 0.0528	P 0.0393	P 0.054	P 0.0405	P 0.054
	LR 0.667	LR 0.1285	LR 2.1284	LR 0.2662	LR 1.6547	LR 0.2662
大成价值	P 0.0347	P 0.0458	P 0.0359	P 0.0421	P 0.0359	P 0.047
	LR 4.468	LR 0.3096	LR 3.7395	LR 1.1253	LR 3.7395	LR 0.1530
富国天益	P 0.0318	P 0.0477	P 0.0306	P 0.0477	P 0.0318	P 0.0452
	LR 6.526	LR 0.0943	LR 7.5104	LR 0.0943	LR 6.5261	LR 0.4038
量化核心	P 0.0356	P 0.0491	P 0.0344	P 0.0528	P 0.038	P 0.0515
	LR 3.948	LR 0.0146	LR 4.6947	LR 0.1285	LR 2.6672	LR 0.0400
华宝策略	P 0.038	P 0.054	P 0.0405	P 0.0577	P 0.038	P 0.0589
	LR 2.667	LR 0.2662	LR 1.6547	LR 0.9636	LR 2.6672	LR 1.2876
华夏回报	P 0.0391	P 0.0501	P 0.0391	P 0.0477	P 0.0391	P 0.0501
	LR 2.196	LR 2.48e-004	LR 2.1963	LR 0.0943	LR 2.1963	LR 0.48e-004

续表

基金名称	GARCH-T	GARCH-GED	EGARCH-T	EGARCH-GED	PARCH-T	PARCH-GED
华安创新	P 0.0342	P 0.0464	P 0.0354	P 0.0464	P 0.0342	P 0.0464
	LR 4.826	LR 0.2290	LR 4.0694	LR 0.2290	LR 4.8261	LR 0.2290
银华88	P 0.0355	P 0.0501	P 0.0342	P 0.0479	P 0.0367	P 0.0501
	LR 4.038	LR 2.48e-004	LR 4.8261	LR 0.0802	LR 3.3562	LR 3.81e-005
诺安平衡	P 0.0308	P 0.054	P 0.0381	P 0.0528	P 0.0331	P 0.0503
	LR 7.308	LR 0.2662	LR 2.6173	LR 0.1285	LR 5.5153	LR 0.0016
招商先锋	P 0.0344	P 0.0491	P 0.0368	P 0.0503	P 0.0344	P 0.0515
	LR 0.694	LR 0.0146	LR 3.2731	LR 0.0016	LR 4.6947	LR 0.0400
海富精选	P 0.0294	P 0.0491	P 0.0307	P 0.0466	P 0.0307	P 0.0454
	LR 8.448	LR 0.0146	LR 7.3892	LR 0.1996	LR 7.3892	LR 0.3743
博时精选	P 0.0294	P 0.0552	P 0.0319	P 0.0515	P 0.0307	P 0.0515
	LR 8.448	LR 0.4520	LR 6.4125	LR 0.0400	LR 7.3892	LR 0.0400
景顺平衡	P 0.0307	P 0.0479	P 0.0221	P 0.0479	P 0.0258	P 0.0515
	LR 7.389	LR 0.0802	LR 16.7470	LR 0.0802	LR 12.1563	LR 0.0400
博时主题	P 0.0319	P 0.0479	P 0.0331	P 0.0479	P 0.0294	P 0.0479
	LR 6.412	LR 0.0802	LR 5.5153	LR 0.0802	LR 8.4484	LR 0.0802
国泰金马	P 0.0342	P 0.0562	P 0.0491	P 0.0515	P 0.0319	P 0.0562
	LR 4.826	LR 0.6315	LR 0.0146	LR 0.0400	LR 6.4125	LR 0.6315
易基积极	P 0.0331	P 0.0503	P 0.0319	P 0.0503	P 0.0307	P 0.0515
	LR 5.515	LR 0.0016	LR 6.4125	LR 0.0016	LR 7.3892	LR 0.0400
南方稳健	P 0.0294	P 0.0503	P 0.0282	P 0.0479	P 0.0307	P 0.0515
	LR 8.448	LR 0.0016	LR 9.5936	LR 0.0802	LR 7.3892	LR 0.0400
广发聚富	P 0.0417	P 0.054	P 0.0442	P 0.0552	P 0.0429	P 0.0552
	LR 1.244	LR 0.2662	LR 0.6056	LR 0.4520	LR 0.8950	LR 0.4520
海富收益	P 0.0319	P 0.0491	P 0.0344	P 0.0503	P 0.0319	P 0.0515
	LR 6.412	LR 0.0146	LR 4.6947	LR 0.0016	LR 6.4125	LR 0.04
广发稳健	P 0.044	P 0.0501	P 0.044	P 0.0501	P 0.044	P 0.0489
	LR 0.642	LR 2.48e-004	LR 0.6428	LR 2.4e-004	LR 0.6428	LR 0.0210
宝盈泛沿海	P 0.0354	P 0.0513	P 0.0379	P 0.0527	P 0.0525	P 0.0527
	LR 4.069	LR 0.0281	LR 2.7680	LR 0.2166	LR 0.1064	LR 0.2166

续表

基金名称	GARCH-T	GARCH-GED	EGARCH-T	EGARCH-GED	PARCH-T	PARCH-GED
宝盈泛沿海	P 0.0318	P 0.0501	P 0.0355	P 0.0465	P 0.0355	P 0.0465
	LR 6.526	LR 2.48e-004	LR 4.0389	LR 0.2214	LR 4.0389	LR 0.2214
银华优势	P 0.0366	P 0.0464	P 0.033	P 0.0464	P 0.0354	P 0.044
	LR 3.384	LR 0.2290	LR 5.6568	LR 0.2290	LR 4.0694	LR 0.6554
富国天瑞	P 0.0309	P 0.0483	P 0.0235	P 0.047	P 0.0322	P 0.0433
	LR 7.109	LR 0.0516	LR 14.7243	LR 0.1530	LR 6.1503	LR 0.7942
景顺鼎盛	P 0.0321	P 0.0507	P 0.0307	P 0.047	P 0.0309	P 0.0457
	LR 6.187	LR 0.0078	LR 7.3892	LR 0.1593	LR 7.1490	LR 0.3184

从表 4-10 的返回测试数据可知, 每个基金都有一个组合的失败率最接近 5% 同时 LR 统计量最小, 总体上大部分基金基于 t 分布的 VaR 计算结果, 失败率比 GED 分布的要小, 小于预期失败概率 5%, 即 VaR 失效的天数与总天数之比小于 5%, 并且同期 LR 统计量比较大, 都大于 GED 分布的 LR 统计量, 存在对风险的高估。在相同的分布假设下, 大部分基金的 GARCH 模型估计的效果不如 EGARCH 模型与 PARCH 模型, EGARCH 模型和 PARCH 模型的失败率和 LR 统计量较为接近。对比每只基金六种混合组合中的失败率和 LR 统计量, 取每只基金失败率最接近 5% 且 LR 统计量最小的混合组合去计算 VaR, 这样做可使每只基金的 VaR 精度最高, 可对风险进行较好的度量, 能够较好地覆盖损失序列, 既不会高估风险也不会低估风险。

(二) 基于 VaR 的 RAROC 计算及分析

通过表 4-10 中 VaR 准确性返回测试后, 选择每只基金返回测试精度最高的 VaR, 便可以通过公式算出基于 VaR 的 RAROC。

表 4-11　　　　　　　　　**RAROC 的计算和排名**

基金名称	平均绝对周 VaR	平均周收益率	RAROC	排名
博时增长	0.061935569	0.0068273	0.110232	10
融通新蓝筹	0.060052292	0.007638588	0.127199	3

续表

基金名称	平均绝对周 VaR	平均周收益率	RAROC	排名
嘉实稳健	0.111789425	0.003300236	0.029522	25
大成蓝筹	0.075004075	0.007078666	0.094377	14
博时裕富	0.081183452	0.006833141	0.084169	18
大成价值	0.060662522	0.007561508	0.124649	5
富国天益	0.079321352	0.006736467	0.084926	17
量化核心	0.086838177	0.003092584	0.035613	23
华宝策略	0.102269854	0.005439513	0.053188	20
华夏回报	0.055359937	0.009339883	0.168712	1
华安创新	0.140647326	0.002541988	0.018073	29
银华88	0.071640979	0.008274692	0.115502	6
诺安平衡	0.056013158	0.007077323	0.126351	4
招商先锋	0.052802244	0.006830489	0.12936	2
海富精选	0.133828503	0.003290882	0.02459	27
博时精选	0.087117756	0.008005141	0.091889	15
景顺平衡	0.057668202	0.006578865	0.114081	7
博时主题	0.100754465	0.009578517	0.095068	13
国泰金马	0.180401086	0.003514194	0.01948	28
易基积极	0.169355459	0.004908957	0.028986	26
南方稳健	0.078765687	0.006346719	0.080577	19
广发聚富	0.076628536	0.007540826	0.098408	12
海富收益	0.053399227	0.005557275	0.10407	11
广发稳健	0.090524674	0.008225093	0.09086	16
宝盈泛沿海	0.085547532	0.003198042	0.037383	22
银华优势	0.055905453	0.006227202	0.111388	9
银华优选	0.203115884	0.005998762	0.029534	24
富国天瑞	0.110410419	0.004578534	0.041468	21
景顺鼎盛	0.07678159	0.008750945	0.113972	8

1. 基于 VaR 的 RAROC 计算

从表 4-11 计算的结果可以看出，我国基金之间的业绩相差比较大，RAROC 排名第一的华夏回报基金，其 VaR 值在基金中非常小，风险较小，仅比招商先锋和海富收益的稍微大点，收益则比较大，仅比博士主题的稍微小点，排名第二，故而 RAROC 排名第一；而风险较小的海富收益这只基金的收益比较小，说明它在承担较小风险的同时，收益也比较小。收益排名第一的博时主题基金，RAROC 却不高，仅排名第九，这是因为其 VaR 值非常大，它的高收益是以高风险为代价获得的。RAROC 排名第二的是招商先锋，其收益并不是很高，处于中等水平，但是其 VaR 值非常小，在所有基金中最小的，说明招商先锋的风险控制较好，且中等水平收益的获得仅承担了非常小的风险。海富精选、国泰金马和华安创新的 RAROC 排名最后三位，由此可以看出一个共同点，它们的收益非常的低，但是 VaR 值确实很高，这就很明显地显示了付出高风险代价的同时却只得到了非常不理想的收益。

2. RAROC 同三大经典指数的比较

表 4-11 中这些结果同前面三大经典指数传统方法的验证结果有些不同，大成价值、诺安平衡、招商先锋、博时精选、博时主题这几只基金排名都有大的变化，传统方法的风险计算是以标准差为总风险，β 值为系统风险这两种来衡量风险，RAROC 模型是以 VaR 来衡量风险的，并且结合了 GARCH 族模型和残差的不同分布来计算风险值，最后还采取了库皮克检验方法来对 VaR 结果值返回测试，比传统的风险计量方法更为准确，其实可以很明白地看出来绩效评价的精确度来源于风险度量方法的不断提高。

3. RAROC 的缺陷

这种方法同样存在着缺陷，当 VaR 值不足以覆盖损失风险时，即损失超过了 VaR 值时，上面的库皮克检验方法中检验出的失败天数也就是 VaR 失效的交易日，VaR 值是小于损失值的，没有有效地覆盖左尾风险，那么由 VaR 算出的 RAROC 也就会存在误差。因此，考虑用 CVaR 来替代 VaR 引入 RAROC 模型中，那么 RAROC 模型的精度就主要取决于 CVaR 和 VaR 的比较，以及计算 CVaR 的精度问题。

四、基于 CVaR 的 RAROC 计算和比较测试

(一)CVaR 的计算

CVaR 是超过 VaR 损失的期望值，更为确切的是指在一定置信水平下，某一资产或资产组合的损失超过 VaR 的尾部事件的期望值。通过公式(3-14)和公式(3-15)运用 matlab 编程可以计算出各基金六种不同模型不同分布下的 CVaR 值，计算结果如表 4-12 所示。

从表 4-12 可以很明显地看出 CVaR 值与 VaR 值相比较，不论何种模型何种分布下，CVaR 估计值都比 VaR 估计值要高得多，因此从总体上说，CVaR 是一种可以覆盖更大范围左尾风险的风险度量工具。但重要的是在 VaR 估计失效的交易日里，CVaR 是否可以有效的覆盖风险。在下面，列出了在样本区间内 VaR 估计失效的交易日里，各个基金在这六种混合组合下的实际损失的均值，VaR 均值以及 CVaR 均值和 DLC 统计量。

表 4-12   不同模型，不同分布下的周 CVaR 值

基金名称	GARCH-T	GARCH-GED	EGARCH-T	EGARCH-GED	PARCH-T	PARCH-GED
博时增长	0.107853602	0.086091979	0.116341113	0.085284008	0.106344254	0.085549104
融通新蓝筹	0.096891992	0.082345738	0.094615951	0.080764378	0.094885223	0.0811539
嘉实稳健	0.148214532	0.136501869	0.147921179	0.136259944	0.147644091	0.136071886
大成蓝筹	0.129931651	0.104216487	0.126081942	0.102623731	0.124783566	0.102108282
博时裕富	0.12765108	0.110038008	0.124668346	0.108872428	0.124833325	0.109259821
大成价值	0.097497731	0.083304477	0.094600498	0.084960153	0.094596889	0.082875622
富国天益	0.126714891	0.107720216	0.12268962	0.104877594	0.122087747	0.105054541
量化核心	0.136002887	0.117143857	0.131208092	0.11496659	0.129503028	0.114642452
华宝策略	0.161768211	0.138069833	0.156200574	0.136415288	0.158005419	0.13737793

基金名称	GARCH-T	GARCH-GED	EGARCH-T	EGARCH-GED	PARCH-T	PARCH-GED
华夏回报	0.085050425	0.074967309	0.083979385	0.074111088	0.08446089	0.074516739
华安创新	0.212162347	0.187351066	0.208040152	0.185799555	0.208896432	0.186204889
银华88	0.112499596	0.096248803	0.111510805	0.095107158	0.111276895	0.095726769
诺安平衡	0.088553541	0.076189229	0.083607064	0.075921409	0.088204462	0.076004897
招商先锋	0.086716289	0.07253085	0.084766813	0.071920853	0.085926201	0.072320023
海富精选	0.219060245	0.181323615	0.214258767	0.179787584	0.214899166	0.18018041
博时精选	0.144734397	0.118516579	0.143709038	0.118376236	0.143410656	0.118330068
景顺平衡	0.096038998	0.079088258	0.111293512	0.078002007	0.094830785	0.078625211
博时主题	0.178135325	0.139050894	0.176847105	0.139328246	0.177344867	0.139026304
国泰金马	0.312509638	0.246939366	0.297235405	0.247391297	0.309188445	0.246803891
易基积极	0.261891067	0.226449124	0.259714554	0.225683799	0.258124605	0.225586031
南方稳健	0.133466841	0.107209414	0.134183609	0.107036118	0.132900717	0.107044768
广发聚富	0.116539276	0.102579289	0.113959686	0.101518956	0.114894495	0.101770524
海富收益	0.091779339	0.073766781	0.089503108	0.072896518	0.089465247	0.073314068
广发稳健	0.129387941	0.118594445	0.128901905	0.118504564	0.127173495	0.118149496
宝盈泛沿海	0.146763597	0.116090796	0.145565095	0.116165284	0.140226052	0.115640164
银华优势	0.08591292	0.074842634	0.082582743	0.073549887	0.082577581	0.073582521
银华优选	0.314608235	0.270966188	0.310549476	0.269932386	0.310506022	0.270036619
富国天瑞	0.181130154	0.149651722	0.18657759	0.149616126	0.178278801	0.149342982
景顺鼎盛	0.122468791	0.104560283	0.118409934	0.103707797	0.121307863	0.103832027

（二）CVaR 返回测试及与 VaR 的比较

表 4-13 的失败天数是通过库皮克检验方法在计算表 4-10 时得到的，很容易看出，在 2006 年到 2009 年研究区间中，各种组合算出来的失败天数都不同，同种模型下，t 分布的失败天数都远小于 GED 分布下的失败天数，失败率都普遍小于 5%，存在对风险的高估，GED 分布的失败天数都偏高，而在不同模型、同分

布下，各个基金的失败天数都非常地接近。接下来我们可以具体来看在 VaR 失效的交易日中，具体实际损失值，VaR 值和 CVaR 值的比较情况。

表 4-13　　　　　　　　　　　　VaR 估计失效的交易天数

VaR 失效天数	GARCH-T	GARCH-GED	EGARCH-T	EGARCH-GED	PARCH-T	PARCH-GED
博时增长	30	43	29	40	29	39
融通新蓝筹	27	40	27	40	27	41
嘉实稳健	40	48	37	47	37	46
大成蓝筹	24	42	25	40	23	38
博时裕富	31	43	32	44	33	44
大成价值	28	37	29	34	29	38
富国天益	26	39	25	39	26	37
量化核心	29	40	28	43	31	42
华宝策略	31	44	33	47	31	48
华夏回报	32	41	32	39	32	41
华安创新	28	38	29	38	28	38
银华 88	29	41	28	39	30	41
诺安平衡	25	44	31	43	27	41
招商先锋	28	40	30	41	28	42
海富精选	24	40	25	38	25	37
博时精选	24	45	26	42	25	42
景顺平衡	25	39	18	39	21	42
博时主题	26	39	27	39	24	39
国泰金马	28	46	40	42	26	46
易基积极	27	41	26	41	25	42
南方稳健	24	41	23	39	25	42
广发聚富	34	44	36	45	35	45
海富收益	26	40	28	41	26	42
广发稳健	36	41	36	41	36	40
宝盈泛沿海	29	42	31	42	43	44

VaR 失效天数	GARCH-T	GARCH-GED	EGARCH-T	EGARCH-GED	PARCH-T	PARCH-GED
银华优势	26	41	29	38	29	38
银华优选	30	38	27	38	29	36
富国天瑞	25	39	19	38	26	35
景顺鼎盛	26	41	25	38	25	37

通过表 4-14、表 4-15、表 4-16 可以看出在 VaR 估计失效的交易日里，这六种不同模型不同分布下，实际损失的平均值都要远远地大于 VaR 平均值，也就是说 VaR 值不足以衡量损失而 CVaR 的平均值相当的接近实际损失的平均值，说明当 VaR 估计失效时，CVaR 对损失的估计是比较准确的，说明 CVaR 方法能够比较准确地度量左尾风险，从而由 CVaR 计算出来的 RAROC 比由 VaR 计算出来的 RAROC 可以减少误差，提高精度。

表 4-14　　　　VaR 失效的交易日中，GARCH 模型不同分布下的比较

基金名称	GARCH-T 分布			GARCH-GED 分布		
	实际损失均值	VaR 均值	CVaR 均值	实际损失均值	VaR 均值	CVaR 均值
博时增长	0.043833333	0.03395293	0.0472818	0.038232558	0.02703409	0.036252
融通新蓝筹	0.048196296	0.03580184	0.0485215	0.040665	0.02893281	0.03818
嘉实稳健	0.07027	0.05749296	0.0753946	0.068245833	0.05383032	0.070106
大成蓝筹	0.0622625	0.04320958	0.0600283	0.050507143	0.03465795	0.04624
博时裕富	0.061067	0.04549347	0.0615283	0.054046512	0.03856064	0.051148
大成价值	0.043439286	0.03307948	0.0448194	0.039797297	0.02851689	0.037882
富国天益	0.061257692	0.04406442	0.0596813	0.054574359	0.03900252	0.051448
量化核心	0.063331034	0.0461318	0.0623156	0.0568567	0.03998732	0.052836
华宝策略	0.070151613	0.05265477	0.0711277	0.064938636	0.04770432	0.062649
华夏回报	0.0357625	0.02731033	0.0363469	0.034302439	0.0254225	0.033219
华安创新	0.106303571	0.08178379	0.1091231	0.098507895	0.07375301	0.096564
银华 88	0.052717241	0.03904556	0.0527963	0.047392683	0.03399912	0.0448
诺安平衡	0.037744	0.02788109	0.0375561	0.032154545	0.02415929	0.031991
招商先锋	0.038717857	0.02891427	0.0394599	0.03452	0.02457922	0.032676

续表

基金名称	GARCH-T 分布			GARCH-GED 分布		
	实际损失均值	VaR 均值	CVaR 均值	实际损失均值	VaR 均值	CVaR 均值
海富精选	0.1057345	0.07756511	0.1067502	0.0925225	0.0666995	0.088994
博时精选	0.062370833	0.04837694	0.0667104	0.054088889	0.04148106	0.055325
景顺平衡	0.03918423	0.02857502	0.0392473	0.034933333	0.02485504	0.032991
博时主题	0.077565385	0.06055395	0.0853924	0.069094872	0.04938541	0.066757
国泰金马	0.127857143	0.09923896	0.1395599	0.12526087	0.09310002	0.126032
易基积极	0.139066667	0.10685813	0.1440262	0.121378049	0.0910936	0.119758
南方稳健	0.055125	0.04312507	0.05999913	0.04937561	0.03686657	0.04928919
广发聚富	0.050708824	0.03864543	0.05150729	0.048481818	0.03594439	0.04696636
海富收益	0.041384615	0.02974176	0.04142218	0.036658242	0.02535366	0.03395122
广发稳健	0.065602778	0.05114702	0.06686542	0.063356098	0.04762032	0.06136603
宝盈泛沿海	0.067175862	0.05267636	0.07376514	0.05952381	0.04242066	0.05677507
银华优势	0.039888462	0.02978160	0.03996290	0.035582927	0.02672347	0.03510677
银华优选	0.149916667	0.11741014	0.15828180	0.146910526	0.10909998	0.14326581
富国天瑞	0.088136	0.06671936	0.09188537	0.079305128	0.05826579	0.07784244
景顺鼎盛	0.059461538	0.04317052	0.058540501	0.051073171	0.036857179	0.048894589

表 4-15   **VaR 失效的交易日中，EGARCH 模型不同分布下的比较**

基金名称	EGARCH-T 分布			EGARCH-GED 分布		
	实际损失均值	VaR 均值	CVaR 均值	实际损失均值	VaR 均值	CVaR 均值
博时增长	0.043241379	0.035106634	0.049390022	0.041325	0.029408332	0.039377289
融通新蓝筹	0.048255556	0.035549473	0.048055072	0.041215	0.029402973	0.038712936
嘉实稳健	0.071291892	0.057892469	0.07592642	0.069570213	0.0554147	0.072196494
大成蓝筹	0.060372	0.041831192	0.057735931	0.0521075	0.036045979	0.047915149
博时裕富	0.059625	0.044757509	0.060178082	0.053590909	0.038742204	0.051228528
大成价值	0.043455172	0.033091158	0.044478019	0.039638235	0.028393012	0.037156045
富国天益	0.06478	0.047086842	0.063549368	0.055212821	0.039925086	0.052500205
量化核心	0.064996429	0.046907164	0.062870037	0.056118605	0.040530018	0.05334717
华宝策略	0.067521212	0.051458828	0.068808444	0.063489362	0.047866582	0.062589191
华夏回报	0.0366375	0.028390647	0.037769971	0.034292308	0.025128374	0.032817394

基金名称	EGARCH-T 分布			EGARCH-GED 分布		
	实际损失均值	VaR 均值	CVaR 均值	实际损失均值	VaR 均值	CVaR 均值
华安创新	0.106082759	0.082125928	0.10902993	0.099518421	0.075039203	0.097995876
银华 88	0.053357143	0.03914975	0.052863687	0.048735897	0.034608507	0.045450718
诺安平衡	0.037683871	0.027137558	0.03523176	0.031925581	0.024035967	0.031809528
招商先锋	0.037846667	0.028739211	0.03899755	0.03407561	0.024507481	0.032465465
海富精选	0.104612	0.076937546	0.105337742	0.093039474	0.066434807	0.088433386
博时精选	0.06015	0.046578642	0.064062925	0.054759524	0.041319505	0.055033986
景顺平衡	0.051816667	0.035088131	0.043255196	0.036235897	0.026280573	0.034815688
博时主题	0.077233333	0.059693195	0.085658646	0.069094872	0.049469027	0.066819334
国泰金马	0.141325	0.096822667	0.15296827	0.129738095	0.095224121	0.12885674
易基积极	0.136746154	0.103300966	0.138880854	0.123129268	0.093624312	0.122825545
南方稳健	0.055769565	0.043243738	0.060278137	0.050179487	0.036964102	0.049373939
广发聚富	0.050552778	0.039093166	0.051827093	0.048015556	0.035882214	0.046773715
海富收益	0.041285714	0.030497777	0.042207213	0.036292683	0.025330482	0.033826621
广发稳健	0.063719444	0.049911414	0.065168791	0.0624	0.047147343	0.060703471
宝盈泛沿海	0.064596774	0.050606836	0.070628352	0.058668182	0.04234147	0.056628231
银华优势	0.038817241	0.029467058	0.039152718	0.036613158	0.027203421	0.035547924
银华优选	0.154422222	0.117921102	0.158347187	0.140931579	0.104304994	0.136751636
富国天瑞	0.087389474	0.060661644	0.084178745	0.079592105	0.058532706	0.078090611
景顺鼎盛	0.0598	0.042939057	0.057724538	0.053394737	0.038392873	0.050878566

表 4-16 **VaR 失效的交易日中，PARCH 模型不同分布下的比较**

基金名称	PARCH-T 分布			PARCH-GED 分布		
	实际损失均值	VaR 均值	CVaR 均值	实际损失均值	VaR 均值	CVaR 均值
博时增长	0.04458621	0.034553	0.047982142	0.04125641	0.02938	0.0393389
融通新蓝筹	0.04825556	0.035837	0.048380084	0.04097561	0.029623	0.0390021
嘉实稳健	0.06999459	0.056141	0.073616732	0.06853913	0.053849	0.070125
大成蓝筹	0.05971304	0.040117	0.055145999	0.0518	0.035401	0.0469516
博时裕富	0.05833333	0.043993	0.059096088	0.053590909	0.038896	0.0514193
大成价值	0.04300345	0.032601	0.043801899	0.039528947	0.028518	0.0378025

续表

基金名称	PARCH-T 分布			PARCH-GED 分布		
	实际损失均值	VaR 均值	CVaR 均值	实际损失均值	VaR 均值	CVaR 均值
富国天益	0.06279615	0.046062	0.061997574	0.0551	0.039385	0.051748
量化核心	0.06207419	0.045878	0.061233064	0.057057143	0.04136	0.0543318
华宝策略	0.06960323	0.052428	0.070233725	0.062516667	0.046998	0.0614669
华夏回报	0.03736774	0.028934	0.038496872	0.033960976	0.025216	0.0329211
华安创新	0.10937143	0.084989	0.112907756	0.099518421	0.075254	0.0982979
银华 88	0.05327667	0.039653	0.053517296	0.047741463	0.034146	0.0449584
诺安平衡	0.03677778	0.027961	0.037670058	0.032636585	0.024412	0.0321898
招商先锋	0.03790357	0.028081	0.038230674	0.03372619	0.024262	0.0321828
海富精选	0.106224	0.078308	0.107285181	0.093905405	0.066604	0.0887051
博时精选	0.060508	0.046383	0.063754625	0.054759524	0.041277	0.0549861
景顺平衡	0.04275238	0.030035	0.041120554	0.034983333	0.02575	0.0341293
博时主题	0.07677917	0.058433	0.082237177	0.069094872	0.049508	0.0668653
国泰金马	0.13569231	0.104173	0.145861343	0.124391304	0.093163	0.1260338
易基积极	0.137216	0.10248	0.137378183	0.118835714	0.090568	0.1186986
南方稳健	0.053576	0.041685	0.057886706	0.049211905	0.036714	0.0490212
广发聚富	0.05116571	0.03933	0.052236677	0.048015556	0.03585	0.0467403
海富收益	0.04138462	0.029736	0.04080989	0.035785714	0.025038	0.0334632
广发稳健	0.06428889	0.050704	0.065915209	0.063575	0.048439	0.0622759
宝盈泛沿海	0.05952381	0.043158	0.067635445	0.058527273	0.041751	0.0558342
银华优势	0.03881724	0.029324	0.038940307	0.036215789	0.026699	0.0348966
银华优选	0.14938966	0.115533	0.154758216	0.146916667	0.107688	0.1412123
富国天瑞	0.08406154	0.06352	0.086944271	0.079831429	0.057143	0.0761408
景顺鼎盛	0.0598	0.042999	0.058221147	0.053297297	0.037678	0.0499406

接下来需要计算 DLC 统计量来确定各个基金中哪种混合组合计算的 CVaR 精度最高，即最接近实际损失值。通过公式(3-16)，我们可以计算出各个基金的 DLC 统计量(见表 4-17)。

表 4-17   DLC 统计量

基金名称	GARCH-T	GARCH-GED	EGARCH-T	EGARCH-GED	PARCH-T	PARCH-GED
	DLC 统计量	DLC 统计量	DLC 统计量	DLC 统计量	DLC 统计量	DLC 统计量
博时增长	0.00344849	0.00198085	0.006148643	0.001947711	0.003395935	0.001917478
融通新蓝筹	0.0003252	0.002485319	0.000200484	0.002502064	0.000124528	0.001973494
嘉实稳健	0.00512455	0.001859987	0.004634528	0.002626282	0.003622137	0.00158582
大成蓝筹	0.00223416	0.004267171	0.002636069	0.004192351	0.004567044	0.004848374
博时裕富	0.00052827	0.002898018	0.000553082	0.002362381	0.000762755	0.002171592
大成价值	0.00138008	0.001915021	0.001022846	0.00248219	0.000798451	0.001726441
富国天益	0.00157641	0.003126201	0.001230632	0.002712615	0.00079858	0.003352019
量化核心	0.00101547	0.004014413	0.002126391	0.002771435	0.00084113	0.002725338
华宝策略	0.00097605	0.002289423	0.001287232	0.000900171	0.000630499	0.001049789
华夏回报	0.00058443	0.001083059	0.001132471	0.001474913	0.00112913	0.001039882
华安创新	0.0028195	0.001944316	0.002947171	0.001522545	0.003536327	0.001220478
银华88	7.9025E-05	0.002592366	0.000493456	0.00328518	0.000240629	0.002783046
诺安平衡	0.00018787	0.000163879	0.002452111	0.000116053	0.00089228	0.000446758
招商先锋	0.00074207	0.001843993	0.001150883	0.001610145	0.000327102	0.001543346
海富精选	0.00105023	0.003528736	0.000725742	0.004606088	0.001061181	0.005200298
博时精选	0.00433958	0.001235763	0.003912925	0.000274462	0.00324 6625	0.000226613
景顺平衡	6.3273E-05	0.001942291	0.008561471	0.001420209	0.001631827	0.000854042
博时主题	0.007827	0.002337929	0.008425313	0.002275538	0.00545801	0.002229533
国泰金马	0.01170277	0.000771397	0.01164327	0.000881355	0.010169035	0.001642491
易基积极	0.00495951	0.001620445	0.0021347	0.000303724	0.000162183	0.000137093
南方稳健	0.00487413	8.64156E-05	0.004508572	0.000805548	0.004310706	0.000190694
广发聚富	0.000798468	0.001515451	0.001274316	0.001241841	0.001070963	0.001275235
海富收益	3.75728E-05	0.002698772	0.000921498	0.002466062	0.000574726	0.002322555
广发稳健	0.001262642	0.001990059	0.001449347	0.001696529	0.001626321	0.001299066
宝盈泛沿海	0.006589286	0.002748737	0.006031578	0.002039951	0.008111636	0.002693068
银华优势	7.44414E-05	0.000476156	0.000335476	0.001065234	0.000123066	0.001319182
银华优选	0.008365138	0.003644715	0.003924965	0.00417 9943	0.005368561	0.00570432
富国天瑞	0.003749372	0.001462681	0.003210729	0.001501494	0.002882732	0.003690585
景顺鼎盛	0.000921037	0.002178581	0.002075462	0.002516171	0.001578853	0.003356745

DLC 表示 VaR 失效时，损失的期望值与 CVaR 的期望值之差的绝对值，DLC 越小，表示计算出的 CVaR 值与损失值越接近，也就是说明了计算出来的 CVaR 更能准确地衡量损失的实际值。因此，每个基金共有 6 个不同 DLC 统计量，选择最小的那个 DLC 统计量对应的那个模型和分布来计算 CVaR 精度是最高的。确定 CVaR 后，便可以计算 RAROC。

RAROC 的计算中心在计算 CVaR，CVaR 计算出来后，RAROC 计算就会非常简便。

(三) 基于 CVaR 的 RAROC 的计算及分析

从表 4-18 可以看出，同基于 VaR 的 RAROC 相比，可以发现落后基金的名次没有发生变化，还是华安创新、国泰金马和海富精选排在最后面，收益率没有变化，但是 CVaR 值比 VaR 值大了非常多，说明它们的实际损失值超过 VaR 太多了，没有很好地控制风险。优秀基金的名次发生了不少的变化，原来排名第三的融通新蓝筹现在排名第一，这是因为计算出来的 CVaR 比 VaR 没有大很多，说明在 VaR 失效的交易日中，实际损失值并没有超过 VaR 值很多，CVaR 值稍微比 VaR 值大点便可控制风险。招商先锋由原来的排名第二跌至排名第七，可以明显地看出，其 CVaR 值超出了 VaR 值太多了，同样说明了，在 VaR 失效时，实际损失的数值非常大，亏损非常厉害，因此 CVaR 值要覆盖风险的话，计算出来的就比较大了。中等表现基金中，景顺平衡则由第七跌至第十一，海富收益由第十一跌至第十五，风险控制同样没有做好，但是由于它们的收益较好，所以绩效才没有排在最后面。

表 4-18　　　　　　　　　基于 CVaR 的 RAROC 计算和排名

基金名称	平均绝对周 CVaR	平均周收益率	RAROC	排名
博时增长	0.085549104	0.0068273	0.079806	6
融通新蓝筹	0.068573688	0.007638588	0.111392	1
嘉实稳健	0.136071886	0.003300236	0.024254	23
大成蓝筹	0.129931651	0.007078666	0.05448	18
博时裕富	0.12765108	0.006833141	0.05353	19

续表

基金名称	平均绝对周 CVaR	平均周收益率	RAROC	排名
大成价值	0.094596889	0.007561508	0.079934	5
富国天益	0.122087747	0.006736467	0.055177	17
量化核心	0.129503028	0.003092584	0.02388	24
华宝策略	0.136415288	0.005439513	0.039875	20
华夏回报	0.085050425	0.009339883	0.109816	2
华安创新	0.186204889	0.002541988	0.013652	29
银华 88	0.081684096	0.008274692	0.101301	3
诺安平衡	0.075921409	0.007077323	0.093219	4
招商先锋	0.085926201	0.006830489	0.079493	7
海富精选	0.214258767	0.003290882	0.015359	27
博时精选	0.118330068	0.008005141	0.067651	12
景顺平衡	0.096038998	0.006578865	0.068502	11
博时主题	0.139026304	0.009578517	0.068897	10
国泰金马	0.246939366	0.003514194	0.014231	28
易基积极	0.225586031	0.004908957	0.021761	26
南方稳健	0.107209414	0.006346719	0.059199	16
广发聚富	0.116539276	0.007540826	0.064706	13
海富收益	0.091779339	0.005557275	0.06055	15
广发稳健	0.129387941	0.008225093	0.063569	14
宝盈泛沿海	0.116165284	0.003198042	0.02753	22
银华优势	0.08591292	0.006227202	0.072483	8
银华优选	0.270966188	0.005998762	0.022138	25
富国天瑞	0.149651722	0.004578534	0.030595	21
景顺鼎盛	0.122468791	0.008750945	0.071454	9
景顺平衡	0.096038998	0.006578865	0.068502	11

为更好地研究和跟踪基金长期的绩效表现，本章进一步选取研究区间为 2009 年 5 月 23 日至 2019 年 5 月 23 日，对其长期绩效评价进行计算和排序。

表 4-19　　　**基于 CVaR 的 RAROC 计算和排名（近十年长期绩效）**

基金名称	平均绝对周 CVaR	平均周收益率	RAROC	排名
博时增长	0.072523104	0.0081093	0.111816783	5
融通新蓝筹	0.055547688	0.008920588	0.160593327	1
嘉实稳健	0.123045886	0.004872236	0.039596903	23
大成蓝筹	0.116905651	0.008360666	0.071516355	18
博时裕富	0.081570889	0.008993508	0.110253892	7
大成价值	0.11462508	0.008115141	0.070797255	19
富国天益	0.109061747	0.008018467	0.073522268	17
量化核心	0.116477028	0.004374584	0.037557483	24
华宝策略	0.123589288	0.006721513	0.054385887	20
华夏回报	0.072024425	0.010621883	0.147476124	2
华安创新	0.173178889	0.003823988	0.022081144	28
银华88	0.068658096	0.009556692	0.139192522	3
诺安平衡	0.062895409	0.008359323	0.132908318	4
招商先锋	0.072900201	0.008112489	0.111282121	6
海富精选	0.201632767	0.004572882	0.02267926	27
博时精选	0.105304068	0.009287141	0.088193563	11
景顺平衡	0.083012998	0.007860865	0.094694387	9
博时主题	0.1.26000304	0.010860517	0.086194371	13
国泰金马	0.233713366	0.004796194	0.020521693	29
易基积极	0.212560031	0.006540957	0.030772281	25
南方稳健	0.094183414	0.007628719	0.08099854	16
广发聚富	0.103513276	0.008822826	0.085233763	14
海富收益	0.078753339	0.006839275	0.086844254	12
广发稳健	0.116361941	0.009507093	0.081702771	15

续表

基金名称	平均绝对周 CVaR	平均周收益率	RAROC	排名
宝盈泛沿海	0.103139284	0.004480042	0.043436815	21
银华优势	0.07288692	0.007512202	0.103066531	8
嘉实稳健	0.109442791	0.010032945	0.091672964	10
富国天瑞	0.136425722	0.005860534	0.042957691	22
景顺鼎盛	0.257940188	0.007280762	0.028226551	26
景顺平衡	0.083012998	0.007860865	0.094694387	9

通过对比表 4-18 和表 4-19 可以得出，融通新蓝筹、华夏回报、银华 88 和诺安平衡表现都非常优秀，还是排名前四名，说明这些大基金业绩稳定性和操盘思路连续性得到很好的延续，同样也表明了这四个基金内部风险管理能力极其优秀。大成价值从排名第五名跌至第十九名，表现非常不好，此基金风险值过大，而收益率偏低，表明此基金承担了过大的风险，而对应此风险的收益却很低。大成价值的绩效稳定性出现了极大的问题。景顺鼎盛从排名第九名跌至第二十三名，表现同样非常不好，跟大成价值一样，表明此基金风险控制和操盘表现方面出现问题。嘉实稳健表现非常优异，从排名第二十三名上升到第十名，表明在过去十年间，嘉实稳健的业绩表现和风险控制能力得到了很大的提高。景顺平衡从第十一名上升到第九名，富国天瑞从第二十一名变为第二十二名，排名变化不大，这两个基金风险控制和绩效表现都和此前变化不大，说明了此基金的投资思路和风险管理能力没有大的改变。

思考题：

1. 任意选取几支基金，按照本章的实务操作方法，计算其三个指数。

2. 任意选取几支基金，按照本章的实务操作方法，计算 VaR、CVaR 和 RAROC。

3. 对计算出的基金绩效进行排序。

第五章　总结展望和建议

一、全书总结

(一)收益率指标和三大经典指数的比较

在不考虑风险因素的情况下，有38%以上的基金获得了超过市场基准的收益。在给定的风险水平下，从特雷诺指数和夏普指数詹森指数的分析结果看，大约一半的基金收益超过了市场基准组合。因此从总体来说，我国开放式基金中有相当一部分基金的收益超过市场组合，另外可以看出我国开放式基金的系统性风险很大。

高风险未必会带来高收益，低风险的投资组合，其收益未必一定低。由华夏回报和华安创新基金对比中可以看出，优秀的基金保持了高收益和低风险。

收益率指标同三大经典指数相比，收益率指标并没有考虑到风险的因素，单纯地以收益来衡量绩效，有其不妥之处，三大经典指数在考虑收益的同时考虑了风险因素，比收益率指标的绩效衡量更加准确。

(二)T-M 模型和 H-M 模型

(1)从 T-M 模型对基金经理的选股择时能力实证分析中可以看出，有一半的样本基金具有一定的选股能力，但表现不显著。绝大多数基金的 α 值未能通过检验，说明没有足够证据表明基金经理人具有显著的证券选择能力。全部的 β_2 都没有通过检验，说明我国基金经理人没有显著的证券择时能力。

(2)运用 H-M 模型对基金经理的选股择时能力进行实证可以看出，一半的基金具有选股能力，但是所有的基金系数检验都没有通过，说明我国基金经理人没有显著的证券选择能力。对于择时能力来讲，只有华夏回报基金在 5% 的显著型水平下通过了 t 统计量的检验，说明尚缺乏足够的证据表明基金经理人成功地实施了市场时机把握策略，具有预测证券市场走势的能力。

综合以上的分析，从 T-M 模型和 H-M 模型的结果来看，在研究期间内，大多数基金表现出一定的选股能力和市场时机选择能力，但是其证券选择能力和市场时机选择能力并不显著，也就是说，中国的基金管理人尚缺乏一定的投资理财能力为投资者创造价值。

(三) RAROC 评价方法的优势

通过分析，基于风险调整的基金业绩评价方法 RAROC 比三大经典指数的传统评价方法更准确。传统方法的风险计算是以标准差为总风险，β 值为系统风险这两种来衡量风险，RAROC 模型是以 VaR 来衡量风险的，并且结合了 GARCH 族模型和残差的不同分布来计算风险值，比传统的风险计量方法更为准确，绩效评价的精确度来源于风险度量方法的不断提高。

(四) RAROC 评价方法的改进

将 CVaR 引入 RAROC 模型中，关键是取决于计算 VaR 和 CVaR 精度问题以及 VaR 同 CVaR 的比较测试。通过以上的实证分析，计算 VaR 和 CVaR 采取了新的方法，并且通过返回性测试来提高 VaR 和 CVaR 精度，以及将 CVaR 和 VaR 的结果做了测试比较，可以得出如下结论：

第一，计算基金的 VaR 时采取了 GARCH、EGARCH、PARCH 模型以及残差服从 T 分布和 GED 分布共六种混合组合来计算 VaR 值。结果显示同一族模型下，T 分布比 GED 分布计算的值要高，同分布下，大部分 GARCH 模型计算的结果要高于 EGARCH 和 PARCH，且 EGARCH 和 PARCH 模型同分布下计算的结果都较为接近。

第二，通过对每个基金六种混合组合的 VaR 值失败率和 LR 统计量都进行返回性测试，取每个基金失败率最接近 5% 且 LR 统计量最小的组合去计算 VaR 值提高了精度。

第三，VaR 估计失效的交易日里，六种混合组合下，将 CVaR、VaR 和实际损失的结果做了测试比较，显示出不论何种组合下，实际损失的平均值要远远大于 VaR 平均值，而 CVaR 的平均值非常接近实际损失的平均值，说明 CVaR 对损失的估计是比较准确的，从而由 CVaR 计算出来的 RAROC 比由 VaR 计算出的 RAROC 可以减少误差。从基于 CVaR 的 RAROC，可以看出基金排名发生了不少变动，精度更高，排名更加准确，为基金投资者提供了一个很好的业绩参考指标。

第四，为了提高计算 CVaR 的精度，对每个基金六种混合组合的 CVaR 值进行返回测试，通过 DLC 统计量最小来确定六种组合中哪种精度最高，这种方法计算出的 CVaR 值更能准确地衡量损失的实际值。

二、研究理论和实务展望

本书采用近年来的数据用 RAROC 对我国开放式基金绩效进行了评价，并将 CVaR 引入模型进行了改进，弥补了模型的一些局限性，更契合现实风险度量，但模型的研究仍需要进一步地加强与完善：

（1）根据定义，CVaR 是当损失超过 VaR 值的情况的期望损失。VaR 根据定义就是在某个分位数下预期的损失，从而 CVaR 肯定是高于 VaR 的，而 CVaR 只能说明当损失超过 VaR 阈值的时候的某个资产的损失的严重程度。

（2）CVaR 优于 VaR 的一个重要原因是，在样本中如果某个资产的损失超过了 VaR 的时候（按照 VaR 的定义，有 alpha 的概率会出现这样的情况），CVaR 的估计值相比 VaR 更加接近真实的损失值。因为 CVaR 只计算了左尾风险部分的期望，也就是说在交易失效日，损失超过 VaR 时的实际损失值，这是 CVaR 的一个缺陷，那么用 CVaR 来测算资产的整个回报效益时，也会存在问题，这也是需要进一步需要加强和完善的地方。

三、基于我国基金现状提出的建议

1. 形成有效的激励机制，培养优秀基金管理人

以上实证研究证明，目前我国绝大部分的基金经理人只是有一定的选股择时

能力，但是并不显著。假如只是以眼前利益为目标，损害长远的利益，损害投资者的利益，那么基金管理人虽然得到了眼前的利益，但是对于基金公司的长远发展是非常不利的。所以建立一个有效的激励机制，公正的评判基金管理人的能力是非常重要的。

发售基金份额的资金是投资于证券市场上各种有价证券的，其中的核心部分是通过资产配置即如何在相同的风险下达到较高的收益，如何在同样的收益情况下，承担较低的风险，要达到这个要求，那么基金管理人的选股择时能力要非常强。因此，我国的基金公司可以通过从欧美等发达国家吸收人才或者自己加强向西方发达国家基金公司学习经验，培育出大批的优秀基金管理人来促进中国基金市场的发展。

2. 对我国基金管理公司的建议

从实证部分方法的比较上可以看出，RAROC 比三大经典指数更加全面和准确的衡量了基金的风险绩效。因此基金公司应当尽快建立 RAROC 评价体系的综合体制，并且将选股择时能力因素考虑在内，完善整个评价体制，争取在激烈的基金市场竞争中，取得一席之地。

业绩评价对于基金管理公司非常重要，这是衡量基金经理的一个指标，对于基金管理公司挑选优秀的基金经理人非常重要，同时基金管理公司还必须结合选股择时能力综合考虑基金经理人的业绩，并且将其引入人力资源管理当中，对优秀的人才加以奖励，促进整个公司的进一步发展是非常重要的。

3. 基金绩效评价对投资者的参考意见

从本书实证可以得出作为投资者不能单纯依据无风险的收益率来判断基金的绩效，应该参考风险绩效的三大经典指数，特别是主流的 RAROC 方法，能更加准确地判断各个基金的绩效，另外基金经理人的选股择时能力也要作为一个重要的指标。

4. 对监管部门的意义

监管部门应当根据各个基金绩效评价的结果重点审查绩效差的基金公司的原

因，对于报表弄虚作假及管理不善的基金管理公司进行处罚，并且要敦促各个基金管理公司公开公平的披露信息，严格监督，建立一个稳定有序公平竞争的市场。

5. 完善监管规章制度和法律体系，加大处罚力度和追究法律责任

开放式基金在我国出现的时间较短，法律体系和规章制度都没有发达国家那么规范，特别是基金这种委托代理的关系很容易发生问题，也比较难监管。

基金管理公司极有可能为了自己的短期利益而进行一些对基金投资者不利的投资行为，这就极大地损害了投资者的利益，证券市场上的老鼠仓问题便是这样的典型例子。因此建立一个完善的法律体系和规章制度，对于这种故意损害投资者的基金管理公司和管理人要严重处罚。而我国有关法律的滞后性，很多这种行为的处罚都是对基金管理公司罚款，或者勒令基金经理人辞职，并没有法律的制裁，而这样的处罚是远远不够的，因为一次老鼠仓似的行为就足以让基金经理人赚得盆满钵满，罚款对于他们所赚到的仅仅是九牛一毛而已，这也是市场上老鼠仓问题的根源所在。因此应当加大处罚力度和进一步建立完善的法律体制，对于敢扰乱市场，故意损害投资者行为的基金管理人和公司加大处罚力度，严重的要追究法律责任，对于有违纪行为的基金管理人除没收其非法所得外，还要禁止其进入证券市场。

6. 基金管理公司应该开拓新的产品，丰富基金市场

在欧美等发达国家，基金市场上的品种非常多，非常齐全，可以满足不同风险偏好和不同层次的投资者需求，极大地开拓了投资者的来源，例如在美国几乎每个家庭都有投资基金市场，这又促进了市场的繁荣，并且开拓了资金来源，对基金公司开拓新产品提供了丰富的资源。相比之下，我国的基金市场相距欧美等发达国家还有较大的差距，2001年我国第一只开放式基金华安创新才正式发行，到现在开放式基金也不过17年的时间，各种规章制度，各种新的产品市场上都没有开发出来，无法满足各个不同层次的投资要求。

现在中国开放式基金市场上的品种主要有成长型基金、收益型基金、指数型基金和混合型基金。这些有限的品种极大地限制了投资者的不同需求和风险偏

好，约束了投资者数量，也限制了资金的来源，基金管理公司应该向欧美发达国家基金市场学习，大量地开拓新的产品，比如期权基金、对冲基金、期股基金等产品来满足投资者需求。对于较大的机构投资者和资金雄厚的客户，基金管理公司可以综合考虑投资期限，投资利率和综合实力，提供极具个性化的产品来适合投资者不同的投资要求，促使基金市场的繁荣。

参 考 文 献

［1］Friend M, Crockett N, Blume P. Mutual funds and other institutional investors［J］. Journal of Finance, 1970, 23(9): 53-64.

［2］Richard R. A critique of the asset pricing theory tests［J］. Journal of Financial Economics, 1977, 7: 129-176.

［3］McDonald S. A study of monthly mutual fund returns and performance evaluation techniques［J］. Journal of Financial and Quantitative Analysis, 1974, 29(3): 19-40.

［4］Mains J A. Volatility and predictability of manager alpha: learning the lessons of history［J］. Journal of Portfolio Management, 1977, 9: 5-12.

［5］Jen M, Shawky K, Bers T. The performance persistence of foreign closed-end funds［J］. Review of Financial Economics, 1982, 11: 263-285.

［6］Veimasit R, Cheney V. Eliminating look-ahead in evaluating persistence in mutual fund performance［J］. Journal of Empirical Finance, 1982, 8: 345-373.

［7］Chang E W, Lewellen K. Market timing and mutual fund investment performance［J］. Journal of Business, 1984, 57(1): 57-72.

［8］Henriksson R D, Merton R C. On market timing and investment performance statistical procedures for evaluating forecasting skills［J］. Journal of Business, 1984, 54(4): 513-533.

［9］Lehman D, Odest P. The j-shape of performance persistence given survivorship bias［J］. Review of Economics and Statistics, 1987, 79: 161-166.

［10］Grinblatt C, Titman W. Are there hot hands among mutual funds houses in hongkong［J］. Journal of Business Finance & Accounting, 1994, 2(12):

103-135.

[11] Kothari W, Warner G. Investment performance of international mutual funds[J]. Journal of Financial Research, 2003, 17: 1-14.

[12] Elton T, Gruber Y, Blake B. Generalized autoregressive conditional heteros-kedasticity[J]. Journal of Econometrics, 2007, 31: 307-327.

[13] 史代敏. 我国证券投资基金投资业绩的实证分析[J]. 管理现代化, 2000, 9(6): 52-55.

[14] 苏美红, 叶世绮. 开放式基金绩效评价新探[J]. 经济论坛, 2004, 8(23): 103-105.

[15] 杜金岷, 廖仁英. 我国开放式基金业绩评价的实证分析[J]. 经济研究, 2006, 3(6): 61-64.

[16] 杨宁. 我国投资基金选股与择时能力的实证研究[J]. 中国管理科学, 2008, 5(7): 72-76.

[17] 张新, 杜书明. 中国证券投资基金能否战胜市场? [J]. 金融研究, 2002, 9(11): 41-46.

[18] 晏艳阳, 刘振坤, 席红辉. 我国封闭型基金与开放型基金业绩比较研究[J]. 财贸经济, 2003, 7(12): 41-45.

[19] 班耀波. 我国证券投资基金业绩的实证研究[J]. 中南财经政法大学学报, 2004, 1(26): 63-68.

[20] Mausser H, Rosen D. Efficient risk/return frontiers for credit risk [J]. Algo Research Quarterly, 1999, 2(4): 35-47.

[21] Yamai Y, Yoshiba T. On the validity of value-at-risk: comparative analyses with expected shortfall[J]. Monetary and Economic Studies, 2002, 1: 57-86.

[22] Acerbi C, Nordio C, Sirtori C. Expected shortfall as a tool for financial risk management[J]. Journal of Banking and Finance, 2001, 22: 181-202.

[23] Acerbi C, Tasche D. On the coherence of expected shortfall [J]. Journal of Banking and Finance, 2002, 26: 67-73.

[24] Landsman H, Zinoviy F, Emiliano L. Tail conditional expectations for elliptical distributions[J]. North American Actuarial Journal, 2002, 7: 55-71.

[25]孟凡强.RAROC 模型在开放式基金绩效评价中的实证研究[M].大连：东北财经大学，2005.

[26]陈鹏.基于 VaR 的我国证券投资基金绩效评价方法[J].系统工程学报，2003，10(3)：25-29.

[27]胡宗义，张杰.我国开放式基金业绩评价的实证研究——基于 VaR 的业绩评价方法与三大经典评价方法的比较分析[J].财经理论与实践，2007，5(3)：20-25.

[28]惠晓峰，迟巍.运用 RAROC 方法对我国证券投资基金业绩评估的分析[J].数量经济技术经济研究，2002，4(12)：113-116.

[29]赵振全，李晓周.开放式基金风险比较的实证研究[J].当代经济研究，2006，4(24)：51-55.

[30]周泽炯.基于 GARCH 模型的 VaR 方法对我国开放式基金风险的分析[J].经济管理，2006，9(22)：46-49.

[31]钱谱丰，李凯.基于 VaR 的 RAROC 指标评估证券投资基金绩效[J].商业研究，2007，8(11)：199-204.

[32]朱晓云.VaR 在我国开放式基金绩效评价中的应用研究[J].商业经济，2008，12(17)：82-87.

[33]陈金龙，张维.CVaR 与投资组合优化统一模型[J].系统工程理论方法应用，2002，6(12)：68-71.

[34]刘晓星.基于 CVaR 的投资组合优化模型研究[J].商业研究，2006，10(37)：13-18.

[35]黄向阳，陈学华，杨辉耀.基于条件风险价值的投资组合优化模型[J].西南交通大学学报，2004，4：15-19.

[36]刘莹.CVaR 方法在投资组合风险管理中的应用研究[M].大连：东北大学，2006.

[37]李金华.基于加权 CVaR 下具有不确定退出时间的最优投资组合研究[J].金融经济，2007，10(15)：131-132.

[38]刘俊山.基于风险测度理论的 VaR 与 CVaR 的比较研究.数量经济技术经济[J].2007，3(22)：125-133.

[39]方毅,张屹山.CVaR 与 VaR 在 RAROC 中的比较研究[J].数理统计与管理,2007,26(39):74-80.

[40]宋颂兴.证券投资基金业绩评价标准和方法研究[J].数量经济技术经济研究,1999,5(84):51-53.

[41]严武.洪道麟.我国指数基金运作与绩效研究[J].统计研究,2000,12(68):30-35.

[42]沈维涛,黄兴孪.我国证券投资基金业绩的实证研究与评价[J].经济研究,2001,9(49):22-30.

[43]王聪.证券投资基金绩效评估模型分析[J].经济研究,2001,9(47):18-24.

[44]汪光成.基金的市场时机把握能力研究[J].经济研究,2002,11(56):48-55.

[45]张文璋,陈向民:方法决定结果吗——基金业绩评价的实证起点[J].金融研究,2002,12(10):38-48.

[46]蒲勇健,何军耀,揭京.证券投资基金绩效评价研究[J].中国证券报,2003,9(58):36-41.

[47]陈学华,杨辉耀,唐珂.VaR 和 RAROC 与投资组合问题探讨[J].商业研究,2004,6(25):100-103.

[48]刘艳武,蒋瑛琨.Sharpe 指数评价中国证券市场基金业绩的适用性[J].金融研究,2004,10(57):94-99.

[49]史敏,汪寿阳,徐山鹰.修正的 Sharpe 指数及其在基金业绩评价中的应用[J].系统工程理论与实践,2006,7(45):1-10.

[50]蔡乙萍,万力,范旭东.各种指数基金模型的实证比较分析[J].数量经济技术经济研究,2006,10(87):130-139.

[51]张文璋.我国基金业绩评价的实证研究[D].厦门:厦门大学,2002.

[52]王学军.基金业绩评价研究[D].厦门:厦门大学,2005.

[53]谭迎庆.中国基金业绩评价的实证研究[M].北京:中央财经大学,2007.

[54]Philippe J. Portfolio optimization with constraints on tracking error[J]. Journal of Management, 2002, 11:22-36.

［55］Alexander G J, Baptista M A. Economic implications of using a mean-var model for portfolio selection: a comparison with mean-variance analysis［J］. Journal of Economic Dynamics and Control, 2002, 9(6): 36-53.

［56］MansiniR D, Ogryezak W, Speranza M G. On leader solvable models for portfolio selection［J］. Informatica, 2003, 14: 37-62.

［57］Chekhlov A, Uryasev S, Draw D. Measure portfolio optimization［J］. International Journal of Theoretical and Applied Finance, 2005, 8(1): 13-58.

［58］George T. The role and significance of funds transfer pricing in RAROC models［J］. Journal of Management, 2005, 15: 25-40.

［59］Pritsker M. Thehidden dangers of historical simulation［J］. Journal of Banking and Finance, 2006, 30: 561-582.

［60］Neal M S, Josef Z. Optimal capital allocation using RAROC and EVA［J］. Journal of Financial Intermediation, 2007, 12: 312-342.

［61］王超, 黄英君. 中国保险宏观审慎监管指标框架构建研究［J］. 经济社会体制比较, 2017, 193(5): 169-180.

［62］王培辉, 袁薇. 我国金融机构系统性风险动态监测［J］. 财经论丛, 2017, 28(12): 43-53.

［63］吴鑫育, 李心丹, 马超群. 考虑微观结构噪声的非仿射期权定价研究——基于上证 50ETF 期权高频数据的实证分析［J］. 中国管理科学, 2017, 25(12): 99-108.

［64］徐华, 魏孟欣, 陈析. 保险业系统性风险评估及影响因素研究［J］. 保险研究, 2016(11): 3-15.

［65］余白敏, 吴卫星. 基于"已实现"波动率 ARFI 模型和 CAViaR 模型的 VaR 预测比较研究［J］. 中国管理科学, 2015, 23(2): 50-58.

［66］叶青, 韩立岩. 金融危机传染渠道与机制研究——以次贷危机为例［J］. 系统工程理论实践, 2014, 34(10): 2483-2494.

［67］叶五一, 李飞. 基于局部相关系数的美国次贷危机传染分析［J］. 数理统计与管理, 2016, 35(3): 525-535.

［68］曾裕峰, 刘曦腾, 简志宏. 基于 CAViaR 模型的沪深 300 股指期货隔夜风险

研究[J]. 中国管理科学，2016，24(9)：1-10.

[69]曾裕峰，彭伟. 中国金融业不同板块间风险传导的非对称性研究——基于非对称 MVMQ-CAViaR 模型的实证分析[J]. 中国管理科学，2017，25(8)：58-67.

[70]赵树然，任培民. 基于 CARR-EVT 整体方法的动态日 VaR 和 CVaR 模型研究[J]. 数量经济技术经济研究，2012，16(11)：130-148.

[71]赵海峰，孙艳秋. 基于有界信任模型的地铁突发事件信息传播[J]. 系统工程理论与实践，2017，37(12)：3244-3252.

[72]卓志，朱衡. 保险业系统性风险研究前沿与动态[J]. 经济学动态，2017，20(6)：109-120.

[73]张颖，张富祥. 分位数回归的金融风险测度理论及实证[J]. 数量经济技术经济研究，2012，22(4)：95-109.

[74]张晨. 国际碳市场风险价值测度的新方法——基于 EVT-CAViaR 模型[J]. 中国管理科学，2015，23(11)：12-20.

[75]张健华，王鹏. 银行风险、贷款规模与法律保护水平[J]. 经济研究，2012，5(57)：18-30.

[76]张天顶，张宇. 我国金融市场系统重要机构的评估与政策启示[J]. 管理评论，2018，30(1)：24-35.

[77]彭伟. 基于双变量 EARJI-EGARCH 的时变收益关联研究——来自东亚地区股市跳跃的分析[J]. 中国管理科学，2015，20(3)：90-96.

[78]彭伟，曾裕峰，袁阳阳. 基于门限加权不对称斜率模型的 CAViaR 研究[J]. 系统管理学报，2016，25(3)：439-447.

[79]沈悦，郭培利，李伟军. 房价冲击如何生成系统性金融风险[J]. 财贸经济，2015，12(30)：120-127.

[80]隋聪，邓爽玲，王宗尧. 银行资产负债结构对金融风险传染的影响[J]. 系统工程理论与实践，2017，37(8)：1973-1981.

[81]任秋潇，王一鸣. 信贷集中度会影响商业银行的信贷水平吗？——来自中国 A 股 16 家上市银行的证据[J]. 国际金融研究，2016，22(7)：62-73.

[82]史永东，李伟军，黄友珀. 中国商品期货市场的风险价值模型及其后验分

析[J]. 财贸经济, 2013, 4(2): 173-185.

[83]史永东. 职务犯罪是否加剧了银行风险——来自中国城商行和农商行的经验证据[J]. 金融研究, 2017, 3(9): 99-114.

[84]唐振鹏, 黄友珀. 组合信用风险测度的藤copula方法[J]. 系统工程学报, 2013, 28(4): 488-496.

[85]唐振鹏, 黄友珀. 资产组合优化的多分形模型及实证分析[J]. 系统科学与数学, 2016, 8(2): 198-209.

[86]唐勇, 陈艳茹. 考虑杠杆效应的多重分形波动建模: 基于中国股指的实证分析[J]. 系统工程学报, 2015, 30(1): 30-42.

[87]田娇, 王擎. 系统性风险防范与多重金融政策搭配[J]. 财经研究, 2017, 43(7): 57-69.

[88]王新宇, 宋学锋, 吴瑞明. 基于AAVS-CAViaR模型的股市风险测量研究[J]. 系统工程学报, 2016, 33(6): 326-333.

[89]王理同, 王晓叶. 基于半参数EGARCH模型的VaR和CVaR测度与实证研究[J]. 数理统计与管理, 2014, 54(7): 655-659.

[90]简志宏, 彭伟. 基于CAViaR模型的汇率隔夜风险研究[J]. 中国管理科学, 2015, 23(6): 17-24.

[91]凌爱凡, 杨晓光. 间接TARCH CAViaR模型及其MCMC参数估计与应用[J]. 系统工程理论与实践, 2012, 3(10): 112-119.

[92]Simonen S. Financial crisis, value-at-risk forecasts and the puzzle of dependency modeling[J]. International Review of Financial Analysis, 2013, 16(33): 33-38.

[93]Trenca L. Idiosyncratic risk and systemic risk in the European banking system[J]. Annals of Faculty of Economics, 2015, 1(1): 912-919.

[94]Varotto S. Systemic risk and bank size of Japan[J]. Journal of International Money and Finance, 2018, 8(3): 45-70.

[95]Walid C, Shawkat H, Duc K. Volatility forecasting and risk management for commodity markets in the presence of asymmetry and long memory[J]. Energy Economics, 2014, 33(41): 1-18.

[96]巴曙松, 居姗, 朱元倩. 我国银行业系统性违约风险研究[J]. 金融研究,

2016，11（9）：71-83.

［97］陈磊，曾勇，杜化宇．石油期货收益率的分位数建模及其影响因素分析［J］．中国管理科学，2014，10（6）：35-40.

［98］陈国进，晁江峰，武晓利．罕见灾难风险和中国宏观经济波动［J］．经济研究，2014，3（8）：54-66.

［99］邓晶，李红刚．基于羊群效应的银行挤兑和风险传染模型［J］．复杂系统与复杂性科学，2012，9（2）：23-30.

［100］董珊珊，冯芸．我国股指期货市场与股票市场风险传导机制研究——基于双变量 CAViaR 方法［J］．运筹与管理，2017，26（3）：148-156.

［101］冯芸，施杰．操纵性投机行为对金融市场质量的影响：基于计算机仿真平台的研究［J］．系统管理学报，2016，25（3）：422-438.

［102］高研，魏宇，张新雨．中国商品期货市场的风险价值模型及其后验分析［J］．管理科学学报，2016，12（1）：12-21.

［103］Ahnert T，Bertsch C. A wake-up call：information contagion and strategic uncertainty［J］. Journal of Financial Economics，2013，109（6）：510-522.

［104］Allen S，Somon M，Contsch C. Asset commonality，debt maturity and systemic risk［J］. Journal of Financial Economics，2012，104（3）：519-534.

附录：平稳性检验

S.1 平稳过程

定义 S.1：设 $\varepsilon_t \sim IIN(0, \sigma^2)$，即有

$$E(\varepsilon_t) = 0$$

$$\mathrm{cov}(\varepsilon_t, \ \varepsilon_s) = \begin{cases} \sigma^2, & t = s \\ 0, & t \neq s \end{cases} \tag{S.1}$$

则称 ε_t 是白噪声过程（White Noise Process）；又若 $\varepsilon_t \sim N(0, \sigma^2)$，那么 ε_t 是高斯白噪声过程。

白噪声过程的图形如图 S.1 所示：

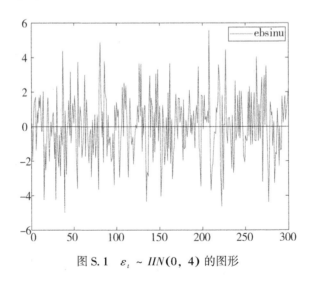

图 S.1 $\quad \varepsilon_t \sim IIN(0, \ 4)$ 的图形

白噪声过程是最特殊也是最基本的平稳时间序列过程，任何平稳或非平稳时

间序列过程都是由白噪声过程构造而成。

（1）不带截距和趋势的平稳过程

定义 S.2：设 $\varepsilon_t \sim IIN(0, \sigma^2)$ 是服从均值为零的白噪声过程，并且 $u_t = \psi(L)\varepsilon_t$ 是平稳序列，那么

$$y_t = u_t \text{ 或 } y_t = \rho y_{t-1} + u_t \qquad (S.2)$$

是不带截距和趋势的平稳过程。其中，$\psi(L)$ 是滞后算子多项式，且 $|\rho| < 1$。

不带截距和趋势的平稳过程 y_t 的图形如图 S.2 和图 S.3 所示：

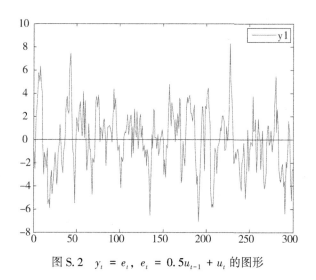

图 S.2　$y_t = e_t$, $e_t = 0.5u_{t-1} + u_t$ 的图形

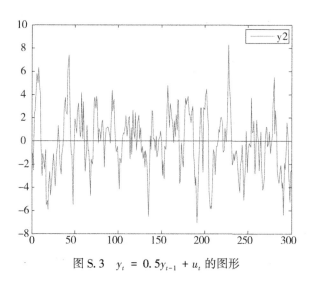

图 S.3　$y_t = 0.5y_{t-1} + u_t$ 的图形

注：图 S.2 和图 S.3 中 $u_t = \varepsilon_t + 0.3\varepsilon_{t-1} + 0.2\varepsilon_{t-2} + 0.2\varepsilon_{t-3} + 0.1\varepsilon_{t-4}$，其中 $\varepsilon_t \sim IIN(0,\ 4)$，并且初始值设定为 $y_0 = \varepsilon_0 = \varepsilon_{-1} = \varepsilon_{-2} = \varepsilon_{-3} = 0$。

（2）带截距的平稳过程

定义 S.3：设 $\varepsilon_t \sim IIN(0,\ \sigma^2)$ 是服从均值为零的白噪声过程，并且 $u_t = \psi(L)\varepsilon_t$ 是平稳序列，那么

$$y_t = a + u_t \text{ 或 } y_t = a + \rho y_{t-1} + u_t \tag{S.3}$$

是带截距不带趋势的平稳过程。其中，$\psi(L)$ 是滞后算子多项式，且 $|\rho| < 1$。

带截距不带趋势的平稳过程 y_t 的图形如图 S.4 和图 S.5 所示：

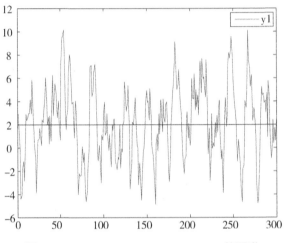

图 S.4　$y_t = 2 + e_t$，$e_t = 0.5u_{t-1} + u_t$ 的图形

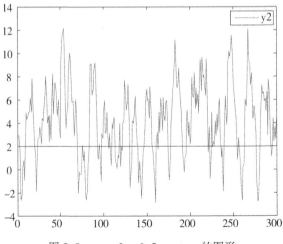

图 S.5　$y_t = 2 + 0.5y_{t-1} + u_t$ 的图形

注：图 S. 4 和图 S. 5 中 $u_t = \varepsilon_t + 0.3\varepsilon_{t-1} + 0.2\varepsilon_{t-2} + 0.2\varepsilon_{t-3} + 0.1\varepsilon_{t-4}$，其中 $\varepsilon_t \sim IIN(0, 4)$，并且初始值设定为 $y_0 = \varepsilon_0 = \varepsilon_{-1} = \varepsilon_{-2} = \varepsilon_{-3} = 0$。

（3）线性趋势平稳过程

定义 S. 4：设 $\varepsilon_t \sim IIN(0, \sigma^2)$ 是服从均值为零的白噪声过程，并且 $u_t = \psi(L)\varepsilon_t$ 是平稳序列，那么

$$y_t = a + bt + u_t \text{ 或 } y_t = a + bt + \rho y_{t-1} + u_t \tag{S.4}$$

是趋势平稳过程。其中，$\psi(L)$ 是滞后算子多项式，且 $|\rho| < 1$。

带趋势的平稳过程 y_t 的图形如图 S. 6 和图 S. 7 所示：

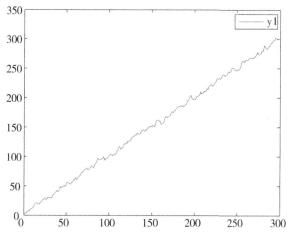

图 S. 6 $\quad y_t = 2 + t + e_t, \; e_t = 0.5u_{t-1} + u_t$ 的图形

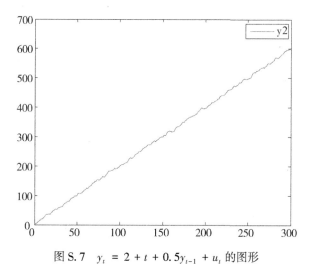

图 S. 7 $\quad y_t = 2 + t + 0.5y_{t-1} + u_t$ 的图形

注：图 S.6 和图 S.7 中 $u_t = \varepsilon_t + 0.3\varepsilon_{t-1} + 0.2\varepsilon_{t-2} + 0.2\varepsilon_{t-3} + 0.1\varepsilon_{t-4}$，其中 $\varepsilon_t \sim IIN(0, 4)$，并且初始值设定为 $y_0 = \varepsilon_0 = \varepsilon_{-1} = \varepsilon_{-2} = \varepsilon_{-3} = 0$。

（4）高次趋势平稳过程

定义 S.5：设 $\varepsilon_t \sim IIN(0, \sigma^2)$ 是服从均值为零的白噪声过程，并且 $\dot{u}_t = \psi(L)\varepsilon_t$ 是平稳序列，那么

$$y_t = a_0 + a_1 t + \cdots + a_k t^k + u_t \text{ 或 } y_t = a_0 + a_1 t + \cdots + a_k t^k + \rho y_{t-1} + u_t \quad (S.5)$$

是 $k(k \geq 2)$ 次趋势平稳过程。其中，$\psi(L)$ 是滞后算子多项式，且 $|\rho| < 1$。

二次趋势平稳过程 y_t 的图形如图 S.8 和图 S.9 所示：

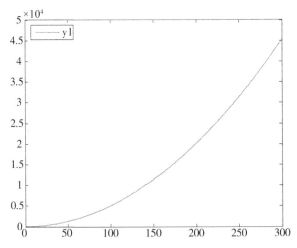

图 S.8 $y_t = 2 + t + 0.5t^2 + e_t$，$e_t = 0.5u_{t-1} + u_t$ 的图形

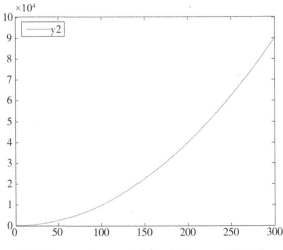

图 S.9 $y_t = 2 + t + 0.5t^2 + 0.5y_{t-1} + u_t$ 的图形

注：图 S. 8 和图 S. 9 中 $u_t = \varepsilon_t + 0.3\varepsilon_{t-1} + 0.2\varepsilon_{t-2} + 0.2\varepsilon_{t-3} + 0.1\varepsilon_{t-4}$，其中 $\varepsilon_t \sim IIN(0，4)$，并且初始值设定为 $y_0 = \varepsilon_0 = \varepsilon_{-1} = \varepsilon_{-2} = \varepsilon_{-3} = 0$。

三次趋势平稳过程 y_t 的图形与带二次趋势的平稳过程的图形相似（如图 S. 10 和图 S. 11 所示）：

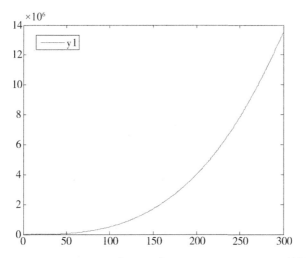

图 S. 10　$y_t = 2 + t + 0.5t^2 + 0.5t^3 + e_t$，$e_t = 0.5u_{t-1} + u_t$ 的图形

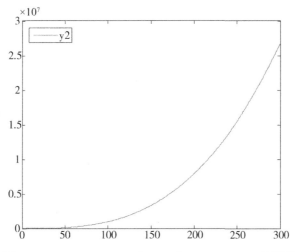

图 S. 11　$y_t = 2 + t + 0.5t^2 + 0.5t^3 + 0.5y_{t-1} + u_t$ 的图形

注：图 S. 10 和图 S. 11 中 $u_t = \varepsilon_t + 0.3\varepsilon_{t-1} + 0.2\varepsilon_{t-2} + 0.2\varepsilon_{t-3} + 0.1\varepsilon_{t-4}$，其中 $\varepsilon_t \sim IIN(0，4)$，并且初始值设定为 $y_0 = \varepsilon_0 = \varepsilon_{-1} = \varepsilon_{-2} = \varepsilon_{-3} = 0$。

S. 2　几种单位根过程

定义 S. 6：设 $\varepsilon_t \sim IIN(0,\ \sigma^2)$ 是服从均值为零的白噪声过程，那么称

$$y_t = y_{t-1} + \varepsilon_t \tag{S.6}$$

是随机游走（Random Walk），并称 ε_t 是构成随机游走 y_t 的增量过程。
随机游走图形如图 S. 12 和图 S. 13 所示：

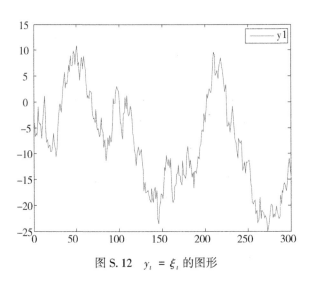

图 S. 12　$y_t = \xi_t$ 的图形

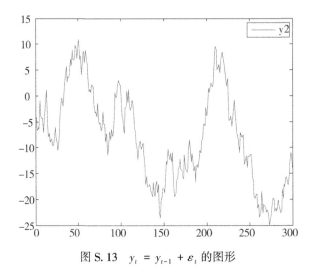

图 S. 13　$y_t = y_{t-1} + \varepsilon_t$ 的图形

注：图 S.12 和图 S.13 中的初始值设定为 $y_0 = 0$，并且 $\varepsilon_t \sim IIN(0, 4)$。

随机游走是最特殊也是最基本的单位根过程，其增量过程 ε_t 是 iid 序列，不存在任何自相关。一般单位根过程的增量过程通常存在自相关。

（1）不带确定部分的单位根过程

定义 S.7：设 $\varepsilon_t \sim IIN(0, \sigma^2)$ 是服从均值为零的白噪声过程，并且 $u_t = \psi(L)\varepsilon_t$ 是平稳序列，那么

$$y_t = \xi_t \text{ 或 } y_t = y_{t-1} + u_t, \ y_0 \neq 0(or = 0) \tag{S.7}$$

是不带确定部分的单位根过程，并称 u_t 是构成单位根过程 y_t 的增量过程。

不带确定部分的单位根过程 y_t 的图形如图 S.14 和图 S.15 所示：

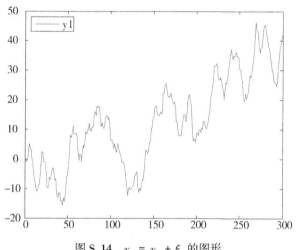

图 S.14　$y_t = y_0 + \xi_t$ 的图形

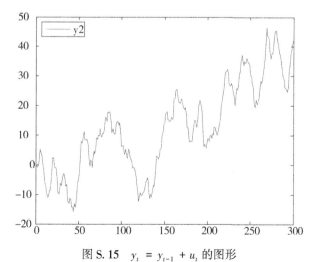

图 S.15　$y_t = y_{t-1} + u_t$ 的图形

注：图 S. 14 和图 S. 15 中 $u_t = \varepsilon_t + 0.3\varepsilon_{t-1} + 0.2\varepsilon_{t-2} + 0.2\varepsilon_{t-3} + 0.1\varepsilon_{t-4}$，其中 $\varepsilon_t \sim IIN(0,\ 4)$ 并且初始值设定为 $y_0 = \varepsilon_0 = \varepsilon_{-1} = \varepsilon_{-2} = \varepsilon_{-3} = 0$。

（2）带漂移的单位根过程

定义 S. 8：设 $\varepsilon_t \sim IIN(0,\ \sigma^2)$ 是服从均值为零的白噪声过程，并且 $u_t = \psi(L)\varepsilon_t$ 是平稳序列，那么

$$y_t = y_0 + at + \xi_t \text{ 或 } y_t = a + y_{t-1} + u_t,\ y_0 \neq 0(or = 0) \tag{S.8}$$

是带漂移的单位根过程，并称 u_t 是构成单位根过程 y_t 的增量过程。

带漂移的单位根过程 y_t 的图形如图 S. 16 和图 S. 17 所示：

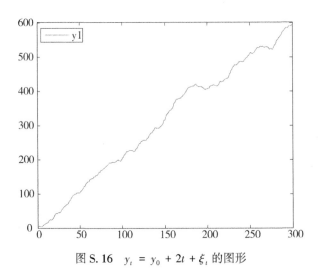

图 S. 16　$y_t = y_0 + 2t + \xi_t$ 的图形

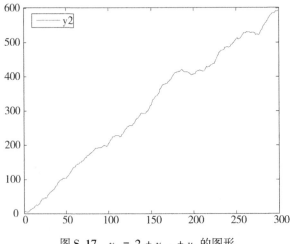

图 S. 17　$y_t = 2 + y_{t-1} + u_t$ 的图形

注：图 S.16 和图 S.17 中 $u_t = \varepsilon_t + 0.3\varepsilon_{t-1} + 0.2\varepsilon_{t-2} + 0.2\varepsilon_{t-3} + 0.1\varepsilon_{t-4}$，其中 $\varepsilon_t \sim IIN(0, 4)$ 并且初始值设定为 $y_0 = 2$，$\varepsilon_0 = \varepsilon_{-1} = \varepsilon_{-2} = \varepsilon_{-3} = 0$。

（3）带线性趋势的单位根过程

定义 S.9：设 $\varepsilon_t \sim IIN(0, \sigma^2)$ 是服从均值为零的白噪声过程，并且 $u_t = \psi(L)\varepsilon_t$ 是平稳序列，那么

$$y_t = y_0 + a_1 t + a_2 t^2 + \xi_t \text{ 或 } y_t = b_0 + b_1 t + y_{t-1} + u_t, \quad y_0 \neq 0(or = 0) \quad (S.9)$$

是带线性趋势的单位根过程，并称 u_t 是构成单位根过程 y_t 的增量过程。

带线性趋势的单位根过程 y_t 的图形如图 S.18 和图 S.19 所示：

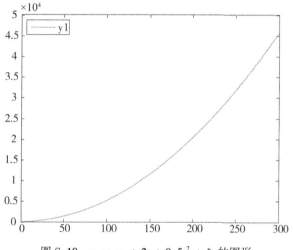

图 S.18　$y_t = y_0 + 2t + 0.5t^2 + \xi_t$ 的图形

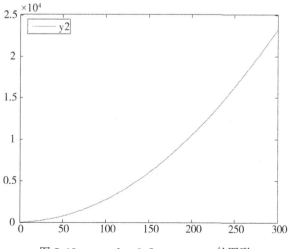

图 S.19　$y_t = 2 + 0.5t + y_{t-1} + u_t$ 的图形

注：图 S. 18 和图 S. 19 中 $u_t = \varepsilon_t + 0.3\varepsilon_{t-1} + 0.2\varepsilon_{t-2} + 0.2\varepsilon_{t-3} + 0.1\varepsilon_{t-4}$，其中 $\varepsilon_t \sim IIN(0, 4)$ 并且初始值设定为 $y_0 = 2$，$\varepsilon_0 = \varepsilon_{-1} = \varepsilon_{-2} = \varepsilon_{-3} = 0$。

（4）带高次趋势的单位根过程

定义 S. 10：设 $\varepsilon_t \sim IIN(0, \sigma^2)$ 是服从均值为零的白噪声过程，并且 $u_t = \psi(L)\varepsilon_t$ 是平稳序列，那么

$$y_t = y_0 + a_1 t + a_2 t^2 + \cdots + a_{k+1} t^{k+1} + \xi_t \text{ 或}$$

$$y_t = a + bt + ct^2 + y_{t-1} + u_t, \quad y_0 \neq 0(\text{ or } = 0) \tag{S. 10}$$

是带 $k(k \geqslant 2)$ 次趋势的单位根过程，并称 u_t 是构成单位根过程 y_t 的增量过程。

带二次趋势的单位根过程 y_t 的图形与带线性趋势的单位根过程图形相似（如图 S. 20 和图 S. 21 所示）：

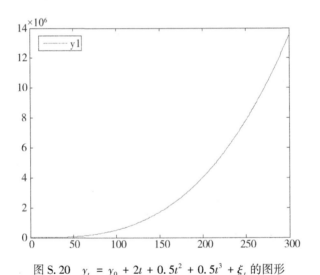

图 S. 20　$y_t = y_0 + 2t + 0.5t^2 + 0.5t^3 + \xi_t$ 的图形

注：图 S. 20 和图 S. 21 中 $u_t = \varepsilon_t + 0.3\varepsilon_{t-1} + 0.2\varepsilon_{t-2} + 0.2\varepsilon_{t-3} + 0.1\varepsilon_{t-4}$，其中 $\varepsilon_t \sim IIN(0, 4)$ 并且初始值设定为 $y_0 = 2$，$\varepsilon_0 = \varepsilon_{-1} = \varepsilon_{-2} = \varepsilon_{-3} = 0$。

由分析可见，带漂移的单位根过程所含的时间趋势特征实际是线性时间趋势，带线性趋势的单位根过程所含的时间趋势特征实际是二次时间趋势，带 $k(k \geqslant 2)$ 次趋势的单位根过程所含的时间趋势特征实际是 $k + 1$ 次时间趋势。而在平稳过程中，线性趋势平稳过程所含的时间趋势特征实际是线性时间趋势，

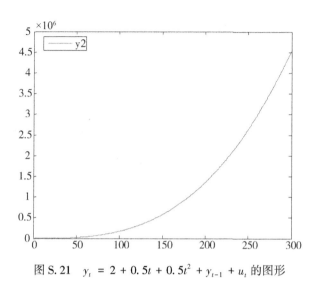

图 S. 21 　$y_t = 2 + 0.5t + 0.5t^2 + y_{t-1} + u_t$ 的图形

$k(k \geqslant 2)$ 次趋势平稳过程所含的时间趋势特征实际是 k 次时间趋势。

　　由以上分析可见，对于含线性(高次)趋势特征的时间序列数据，通过图形很难看出数据是由带漂移(趋势)的单位根过程还是(高次)趋势平稳过程所生成。因此，需要对含线性(高次)趋势特征的时间序列数据进行带线性(高次)趋势项的单位根检验。

　　由 Dickey and Fuller(1979，1981) 提出的 ADF 单位根检验是在 DF 单位根检验的基础上，通过加入原序列的若干差分滞后项消除了误差项的自相关，ADF 单位根检验和 DF 单位根检验都是参数单位根检验方法。(DF 单位根检验是由 Dickey and Fuller(1979，1981) 提出的一种基本的单位根检验方法。后面的 ADF 单位根检验和 PP 检验都是在 DF 单位根检验的基础上提出的。因此，本节(研究)主要以 DF 单位根检验为例介绍相关理论。)

　　在定理2.1的基础上，本节首先介绍 ADF 单位根检验的基本理论。根据数据的实际生成过程和检验式的设定，不考虑高次趋势特征的传统 ADF 单位根检验通常分为三种类型。类型一：数据实际生成过程是不带漂移的单位根过程，检验式中不含确定部分；类型二：数据实际生成过程是不带漂移的单位根过程，检验式中含截距项；类型三：数据实际生成过程是带漂移的单位根过程，检验式中含截距项和线性趋势项。本节将围绕这三种类型，对 ADF 单位根检验的基本理论进行介绍。

（1）数据生成过程是不带漂移的单位根过程，检验式中不含截距项

实际数据生成过程是如下的 $AR(p+1)$ 过程：

$$(1 - \phi_1 L - \phi_2 L^2 - \cdots - \phi_{p+1} L^{p+1}) y_t = \varepsilon_t \tag{S.11}$$

其中，ε_t 是均值为 0、方差为 σ^2 的 iid 序列。则由 Hamilton(1994)，上式可以等价写成

$$y_t = \rho y_{t-1} + \sum_{j=1}^{p} \varphi_j \Delta y_{t-j} + \varepsilon_t \tag{S.12}$$

其中

$$\rho = \phi_1 + \phi_2 + \cdots + \phi_{p+1}$$
$$\varphi_j = - [\phi_{j+1} + \phi_{j+2} + \cdots + \phi_{p+1}], \ j = 1, 2, \cdots, p \tag{S.13}$$

$AR(p+1)$ 过程(S.11) 平稳的条件是多项式

$$(1 - \phi_1 z - \phi_2 z^2 - \cdots - \phi_{p+1} z^{p+1}) = 0 \tag{S.14}$$

的根落在单位圆之外，即有 $1 - \phi_1 - \phi_2 - \cdots - \phi_{p+1} > 0$，因此 $\rho < 1$。

$AR(p+1)$ 过程(S.11) 平稳的条件是多项式(S.14) 的根落在单位圆上，即有 $1 - \phi_1 - \phi_2 - \cdots - \phi_{p+1} = 0$，因此 $\rho = 1$。

因此，对 y_t 进行单位根检验的检验式设定为(S.12) 式或

$$\Delta y_t = \gamma y_{t-1} + \sum_{j=1}^{p} \varphi_j \Delta y_{t-j} + \varepsilon_t \tag{S.15}$$

对(S.12) 式检验的原假设是 H_0：$\rho = 1$，备择假设是 H_1：$\rho < 1$，对(S.15) 式检验的原假设是 H_0：$\gamma = 0$，备择假设是 H_1：$\gamma < 0$。基于(S.12) 式和(S.15) 式检验是等价的，为分析方便，本章及后面章节采用(S.15) 式的检验式形式。

在原假设下，有

$$(1 - \varphi_1 L - \varphi_2 L^2 - \cdots - \varphi_p L^p) \Delta y_t = \varepsilon_t \tag{S.16}$$

或

$$\Delta y_t = u_t \tag{S.17}$$

即

$$y_t = y_{t-1} + u_t = y_0 + u_1 + \cdots + u_t = y_0 + \xi_t \tag{S.18}$$

其中，$u_t = \psi(L)\varepsilon_t$，$\psi(L) = (1 - \varphi_1 L - \varphi_2 L^2 - \cdots - \varphi_p L^p)^{-1}$，且 y_0 是 y_t 的初始值。

对检验式(S.15)OLS 估计得：

$$\hat{\boldsymbol{\beta}} - \boldsymbol{\beta} = \left(\sum_{t=1}^{T} \boldsymbol{x}_t \boldsymbol{x}_t'\right)^{-1} \left(\sum_{t=1}^{T} \boldsymbol{x}_t \varepsilon_t\right) \qquad (\text{S}.19)$$

和

$$\Omega = \mathrm{cov}(\hat{\boldsymbol{\beta}}) = s_T^2 \left(\sum_{t=1}^{T} \boldsymbol{x}_t \boldsymbol{x}_t'\right)^{-1} \qquad (\text{S}.20)$$

其中，$\hat{\boldsymbol{\beta}} = (\hat{\gamma}, \hat{\varphi}_1, \hat{\varphi}_2, \cdots, \hat{\varphi}_p)'$，$\boldsymbol{\beta} = (0, \varphi_1, \varphi_2, \cdots, \varphi_p)'$，$\boldsymbol{x}_t = (y_{t-1}, u_{t-1}, u_{t-2}, \cdots, u_{t-p})'$，$s_T^2 = \dfrac{1}{T - (p+1)} \sum_{t=1}^{T} (\Delta y_t - \hat{\boldsymbol{\beta}}' \boldsymbol{x}_t)^2$ 是残差方差的

OLS 估计，且 $s_T^2 \xrightarrow{p} \sigma^2$。因此，

$$\sum_{t=1}^{T} \boldsymbol{x}_t \boldsymbol{x}_t' = \begin{pmatrix} \displaystyle\sum_{t=1}^{T} y_{t-1}^2 & \displaystyle\sum_{t=1}^{T} y_{t-1} \boldsymbol{u}_{t-1}' \\ \displaystyle\sum_{t=1}^{T} \boldsymbol{u}_{t-1} y_{t-1} & \displaystyle\sum_{t=1}^{T} \boldsymbol{u}_{t-1} \boldsymbol{u}_{t-1}' \end{pmatrix},$$

$$\sum_{t=1}^{T} \boldsymbol{x}_t \varepsilon_t = \begin{pmatrix} \displaystyle\sum_{t=1}^{T} y_{t-1} \varepsilon_t \\ \displaystyle\sum_{t=1}^{T} \boldsymbol{u}_{t-1} \varepsilon_t \end{pmatrix} \qquad (\text{S}.21)$$

其中 $\boldsymbol{u}_{t-1} = (u_{t-1}, u_{t-2}, \cdots, u_{t-p})'$。

因为 $y_t = y_0 + \xi_t$，故 y_t 与 ξ_t 有相同的收敛性质。令缩放矩阵 $\boldsymbol{\delta}_T = \begin{pmatrix} T & \\ & \boldsymbol{\delta}_{2T} \end{pmatrix}_{(p+1)\times(p+1)}$ 和 $\boldsymbol{\delta}_{2T} = \begin{pmatrix} T^{1/2} & & \\ & \ddots & \\ & & T^{1/2} \end{pmatrix}_{p\times p}$，则由定理 S.1 中的性质(a)、

(b)、(c)、(d)、(e)、(f) 和(h) 可得

$$\delta_T^{-1}\Big(\sum_{t=1}^{T} x_t\, x_t'\Big)\delta_T^{-1} = \begin{pmatrix} T^{-2}\sum\limits_{t=1}^{T} y_{t-1}^2 & T^{-3/2}\sum\limits_{t=1}^{T} y_{t-1}\, u_{t-1}' \\[2ex] T^{-3/2}\sum\limits_{t=1}^{T} u_{t-1} y_{t-1} & T^{-1}\sum\limits_{t=1}^{T} u_{t-1}\, u_{t-1}' \end{pmatrix} \tag{S.22}$$

$$\xrightarrow{\;L\;} \begin{pmatrix} \sigma^2 \psi(1)^2 \int_0^1 W(r)^2 \mathrm{d}r & \mathbf{0} \\[2ex] \mathbf{0} & V_2 \end{pmatrix} = \begin{pmatrix} V_1 & \mathbf{0} \\ \mathbf{0} & V_2 \end{pmatrix}$$

$$\delta_T^{-1}\sum_{t=1}^{T} x_t \varepsilon_t = \begin{pmatrix} T^{-1}\sum\limits_{t=1}^{T} y_{t-1}\varepsilon_t \\[2ex] T^{-1/2}\sum\limits_{t=1}^{T} u_{t-1}\varepsilon_t \end{pmatrix} \xrightarrow{\;L\;} \begin{pmatrix} \sigma\pi\int_0^1 W(r)\,\mathrm{d}W(r) \\[2ex] h_2 \end{pmatrix} = \begin{pmatrix} h_1 \\ h_2 \end{pmatrix} \tag{S.23}$$

其中 $V_1 = \sigma^2\psi(1)^2\int_0^1 W(r)^2\mathrm{d}r = \pi^2\int_0^1 W(r)^2\mathrm{d}r$

$$V_2 = \begin{pmatrix} \gamma_0 & \gamma_1 & \cdots & \gamma_{p-1} \\ \gamma_1 & \gamma_2 & \cdots & \gamma_{p-2} \\ \vdots & \vdots & \ddots & \vdots \\ \gamma_{p-1} & \gamma_{p-2} & \cdots & \gamma_0 \end{pmatrix}, \quad h_1 \sim \sigma\pi\int_0^1 W(r)\,\mathrm{d}W(r), \quad h_2 \sim N(\mathbf{0},\,\sigma^2 V_2)\,.$$

所以

$$\delta_T(\hat{\boldsymbol{\beta}} - \boldsymbol{\beta}) = \Big[\delta_T^{-1}\Big(\sum_{t=1}^{T} x_t\,x_t'\Big)\delta_T^{-1}\Big]^{-1}\Big[\delta_T^{-1}\Big(\sum_{t=1}^{T} x_t\varepsilon_t\Big)\Big]$$

$$\xrightarrow{\;L\;} \begin{pmatrix} V_1 & \mathbf{0} \\ \mathbf{0} & V_2 \end{pmatrix}^{-1}\begin{pmatrix} h_1 \\ h_2 \end{pmatrix} = \begin{pmatrix} V_1^{-1} h_1 \\ V_2^{-1} h_2 \end{pmatrix} \tag{S.24}$$

$$\delta_T \boldsymbol{\Omega}\, \delta_T = s_T^2\Big[\delta_T^{-1}\Big(\sum_{t=1}^{T} x_t\,x_t'\Big)\delta_T^{-1}\Big]^{-1}$$

$$\xrightarrow{\;L\;} \sigma^2\begin{pmatrix} V_1 & \mathbf{0} \\ \mathbf{0} & V_2 \end{pmatrix}^{-1} = \sigma^2\begin{pmatrix} V_1^{-1} & \mathbf{0} \\ \mathbf{0} & V_2^{-1} \end{pmatrix} \tag{S.25}$$

所以(参数 γ 的 t 检验统计量构造)

$$T(\hat{\gamma} - 0) = (1, \ 0, \ \cdots, \ 0) \ [\boldsymbol{\delta}_T (\hat{\boldsymbol{\beta}} - \boldsymbol{\beta}) \ ]$$

$$\xrightarrow{L} (1, \ 0, \ \cdots, \ 0) \begin{pmatrix} \boldsymbol{V}_1^{-1} \boldsymbol{h}_1 \\ \boldsymbol{V}_2^{-1} \boldsymbol{h}_2 \end{pmatrix} = \boldsymbol{V}_1^{-1} \boldsymbol{h}_1 = \frac{\sigma \int_0^1 W(r) \, \mathrm{d}W(r)}{\pi \int_0^1 W(r)^2 \mathrm{d}r} \tag{S.26}$$

$$T^2 \sigma_{\hat{\gamma}}^2 = (1, \ 0, \ \cdots, \ 0) \ [\boldsymbol{\delta}_T \boldsymbol{\Omega} \boldsymbol{\delta}_T] \ (1, \ 0, \ \cdots, \ 0) \ '$$

$$\xrightarrow{L} \sigma^2 \boldsymbol{V}_1^{-1} = \sigma^2 \left(\pi^2 \int_0^1 W(r)^2 \mathrm{d}r \right)^{-1} \tag{S.27}$$

所以，单位根检验的 t 统计量及其在 H_0 下的渐进分布为

$$t_{\hat{\gamma}} = \frac{\hat{\gamma} - 0}{\sigma_{\hat{\gamma}}} = \frac{T(\hat{\gamma} - 0)}{(T^2 \sigma_{\hat{\gamma}}^2)^{1/2}} \xrightarrow{L} \frac{\int_0^1 W(r) \, \mathrm{d}W(r)}{\left(\int_0^1 W(r)^2 \mathrm{d}r \right)^{1/2}} \tag{S.28}$$

其中，$W(r)$ 是标准的布朗运动。

（2）数据生成过程是不带漂移的单位根过程，检验式中含截距项

实际数据生成过程与（1）中相同，也是（S.11）中的 $\mathrm{AR}(p+1)$ 过程。不同之处是，对 y_t 进行单位根检验的检验式设定为

$$\Delta y_t = \alpha + \gamma y_{t-1} + \sum_{j=1}^p \varphi_j \Delta y_{t-j} + \varepsilon_t \tag{S.29}$$

注意，这里的检验式（S.29）中含有截距项，对（S.29）式的检验是联合检验，检验的原假设是 H_0：$\alpha = 0$，$\gamma = 0$，备择假设是 H_1：$\alpha \neq 0 \ or \ \gamma < 0$。

对检验式（S.29）OLS 估计得：

$$\hat{\boldsymbol{\beta}} - \boldsymbol{\beta} = \left(\sum_{t=1}^T \boldsymbol{x}_t \boldsymbol{x}_t' \right)^{-1} \left(\sum_{t=1}^T \boldsymbol{x}_t \varepsilon_t \right) \tag{S.30}$$

和

$$\boldsymbol{\Omega} = \mathrm{cov}(\hat{\boldsymbol{\beta}}) = s_T^2 \left(\sum_{t=1}^T \boldsymbol{x}_t \boldsymbol{x}_t' \right)^{-1} \tag{S.31}$$

其中，$\hat{\boldsymbol{\beta}} = (\hat{\alpha}, \ \hat{\gamma}, \ \hat{\varphi}_1, \ \hat{\varphi}_2, \ \cdots, \ \hat{\varphi}_p) \, '$，$\boldsymbol{\beta} = (0, \ 0, \ \varphi_1, \ \varphi_2, \ \cdots, \ \varphi_p) \, '$，

$\boldsymbol{x}_t = (1, \ y_{t-1}, \ u_{t-1}, \ u_{t-2}, \ \cdots, \ u_{t-p}) \, '$，$s_T^2 = \dfrac{1}{T - (p+2)} \sum_{t=1}^T (\Delta y_t - \hat{\boldsymbol{\beta}}' \boldsymbol{x}_t)^2$ 是残差

方差的 OLS 估计，且 $s_T^2 \xrightarrow{p} \sigma^2$。因此，

$$\sum_{t=1}^{T} \boldsymbol{x}_t \boldsymbol{x}_t' = \begin{pmatrix} T & \sum\limits_{t=1}^{T} y_{t-1} & \sum\limits_{t=1}^{T} \boldsymbol{u}_{t-1}' \\ \sum\limits_{t=1}^{T} y_{t-1} & \sum\limits_{t=1}^{T} y_{t-1}^2 & \sum\limits_{t=1}^{T} y_{t-1} \boldsymbol{u}_{t-1}' \\ \sum\limits_{t=1}^{T} \boldsymbol{u}_{t-1} & \sum\limits_{t=1}^{T} \boldsymbol{u}_{t-1} y_{t-1} & \sum\limits_{t=1}^{T} \boldsymbol{u}_{t-1} \boldsymbol{u}_{t-1}' \end{pmatrix},$$

$$\sum_{t=1}^{T} \boldsymbol{x}_t \varepsilon_t = \begin{pmatrix} \sum\limits_{t=1}^{T} \varepsilon_t \\ \sum\limits_{t=1}^{T} y_{t-1} \varepsilon_t \\ \sum\limits_{t=1}^{T} \boldsymbol{u}_{t-1} \varepsilon_t \end{pmatrix} \tag{S.32}$$

其中 $\boldsymbol{u}_{t-1} = (u_{t-1}, u_{t-2}, \cdots, u_{t-p})'$。

因为 $y_t = y_0 + \xi_t$，故 y_t 与 ξ_t 有相同的收敛性质。令缩放矩阵 $\boldsymbol{\delta}_T = \begin{pmatrix} \boldsymbol{\delta}_{1T} & \\ & \boldsymbol{\delta}_{2T} \end{pmatrix}_{(p+2) \times (p+2)}$，$\boldsymbol{\delta}_{1T} = \begin{pmatrix} T^{1/2} & \\ & T \end{pmatrix}$ 和 $\boldsymbol{\delta}_{2T} = \begin{pmatrix} T^{1/2} & & \\ & \ddots & \\ & & T^{1/2} \end{pmatrix}_{p \times p}$，则由定理

S.1 中的性质(a)、(b)、(c)、(d)、(e)、(f) 和(h) 可得

$$\boldsymbol{\delta}_T^{-1} \Big(\sum_{t=1}^{T} \boldsymbol{x}_t \boldsymbol{x}_t' \Big) \boldsymbol{\delta}_T^{-1} = \begin{pmatrix} T^{-1} T & T^{-3/2} \sum\limits_{t=1}^{T} y_{t-1} & T^{-1} \sum\limits_{t=1}^{T} \boldsymbol{u}_{t-1}' \\ T^{-3/2} \sum\limits_{t=1}^{T} y_{t-1} & T^{-2} \sum\limits_{t=1}^{T} y_{t-1}^2 & T^{-3/2} \sum\limits_{t=1}^{T} y_{t-1} \boldsymbol{u}_{t-1}' \\ T^{-1} \sum\limits_{t=1}^{T} \boldsymbol{u}_{t-1} & T^{-3/2} \sum\limits_{t=1}^{T} \boldsymbol{u}_{t-1} y_{t-1} & T^{-1} \sum\limits_{t=1}^{T} \boldsymbol{u}_{t-1} \boldsymbol{u}_{t-1}' \end{pmatrix} \xrightarrow{L} \begin{pmatrix} \boldsymbol{V}_1 & \boldsymbol{0} \\ \boldsymbol{0} & \boldsymbol{V}_2 \end{pmatrix}$$

$$\tag{S.33}$$

$$\boldsymbol{\delta}_T^{-1} \sum_{t=1}^{T} \boldsymbol{x}_t \varepsilon_t = \begin{pmatrix} T^{-1/2} \sum\limits_{t=1}^{T} \varepsilon_t \\ T^{-1} \sum\limits_{t=1}^{T} y_{t-1} \varepsilon_t \\ T^{-1/2} \sum\limits_{t=1}^{T} \boldsymbol{u}_{t-1} \varepsilon_t \end{pmatrix} \xrightarrow{L} \begin{pmatrix} \boldsymbol{h}_1 \\ \boldsymbol{h}_2 \end{pmatrix} \tag{S.34}$$

其中 $\boldsymbol{V_1} = \begin{pmatrix} 1 & \pi \int_0^1 W(r)\,\mathrm{d}r \\ \pi \int_0^1 W(r)\,\mathrm{d}r & \pi^2 \int_0^1 W(r)^2\,\mathrm{d}r \end{pmatrix}$ $\boldsymbol{V_2} = \begin{pmatrix} \gamma_0 & \gamma_1 & \cdots & \gamma_{p-1} \\ \gamma_1 & \gamma_2 & \cdots & \gamma_{p-2} \\ \vdots & \vdots & \ddots & \vdots \\ \gamma_{p-1} & \gamma_{p-2} & \cdots & \gamma_0 \end{pmatrix}$, $\boldsymbol{h_1} \sim$

$\begin{pmatrix} \sigma W(1) \\ \sigma \pi \int_0^1 W(r)\,\mathrm{d}W(r) \end{pmatrix}$, $\boldsymbol{h_2} \sim N(\boldsymbol{0},\ \sigma^2 \boldsymbol{V_2})$。所以

$$\boldsymbol{\delta_T}(\hat{\boldsymbol{\beta}} - \boldsymbol{\beta}) = \left[\boldsymbol{\delta}_T^{-1} \left(\sum_{t=1}^T \boldsymbol{x}_t \boldsymbol{x}_t' \right) \boldsymbol{\delta}_T^{-1} \right]^{-1} \left[\boldsymbol{\delta}_T^{-1} \left(\sum_{t=1}^T \boldsymbol{x}_t \varepsilon_t \right) \right]$$

$$\xrightarrow{L} \begin{pmatrix} \boldsymbol{V_1} & \boldsymbol{0} \\ \boldsymbol{0} & \boldsymbol{V_2} \end{pmatrix}^{-1} \begin{pmatrix} \boldsymbol{h_1} \\ \boldsymbol{h_2} \end{pmatrix} = \begin{pmatrix} \boldsymbol{V_1}^{-1} \boldsymbol{h_1} \\ \boldsymbol{V_2}^{-1} \boldsymbol{h_2} \end{pmatrix} \tag{S.35}$$

$$\boldsymbol{\delta_T} \boldsymbol{\Omega} \boldsymbol{\delta_T} = s_T^2 \left[\boldsymbol{\delta}_T^{-1} \left(\sum_{t=1}^T \boldsymbol{x}_t \boldsymbol{x}_t' \right) \boldsymbol{\delta}_T^{-1} \right]^{-1}$$

$$\xrightarrow{L} \sigma^2 \begin{pmatrix} \boldsymbol{V_1} & \boldsymbol{0} \\ \boldsymbol{0} & \boldsymbol{V_2} \end{pmatrix}^{-1} = \sigma^2 \begin{pmatrix} \boldsymbol{V_1}^{-1} & \boldsymbol{0} \\ \boldsymbol{0} & \boldsymbol{V_2}^{-1} \end{pmatrix} \tag{S.36}$$

S.3 基本收敛性质

定理 设 $u_t = \psi(L)\varepsilon_t = \sum_{s=0}^{\infty} \psi_s \varepsilon_{t-s}$，其中 $\sum_{s=0}^{\infty} s \cdot |\psi_s| < \infty$，且 $\{(\varepsilon_t)\}$ 是均值

为 0、方差为 $\mathrm{var}(\varepsilon_t) = \begin{cases} \sigma_1^2, & t \leqslant \lambda T \\ \sigma_2^2, & t > \lambda T \end{cases}$ 的 iid 序列，且有有限的四阶矩。定义

$$\gamma_j \equiv E(u_t u_{t-j}) = \lim_{T \to \infty} T^{-1} \sum_{t=1}^T u_t u_{t-j}$$

$$= \lim_{T \to \infty} \lambda \cdot (\lambda T)^{-1} \sum_{t=1}^{\lambda T} u_t u_{t-j} + \lim_{T \to \infty} \frac{j}{T} \cdot j^{-1} \sum_{t=\lambda T+1}^{\lambda T+j} u_t u_{t-j}$$

$$+ \lim_{T \to \infty} \left(1 - \lambda - \frac{j}{T} \right) \cdot (T - \lambda T - j)^{-1} \sum_{t=\lambda T+j+1}^{T} u_t u_{t-j}$$

$$= \lim_{T \to \infty} \lambda \cdot \left[\sigma_2^2 \sum_{s=0}^{t-j-\lambda T} \psi_{s+j} \psi_s + \sigma_1^2 \sum_{s=t-j-\lambda T+1}^{\infty} \psi_{s+j} \psi_s \right] I(t \leqslant \lambda T)$$

$$+ \lim_{T \to \infty} \frac{j}{T} \cdot \left[\sigma_2^2 \sum_{s=0}^{t-j-\lambda T} \psi_{s+j} \psi_s + \sigma_1^2 \sum_{s=t-j-\lambda T+1}^{\infty} \psi_{s+j} \psi_s \right] I(\lambda T < t \leq \lambda T + j)$$

$$+ \lim_{T \to \infty} \left(1 - \lambda - \frac{j}{T} \right) \cdot \left[\sigma_2^2 \sum_{s=0}^{t-j-\lambda T} \psi_{s+j} \psi_s + \sigma_1^2 \sum_{s=t-j-\lambda T+1}^{\infty} \psi_{s+j} \psi_s \right] I(t > \lambda T + j)$$

$$= \lambda \lim_{T \to \infty} \left[\sigma_1^2 \sum_{s=t-j-\lambda T+1}^{\infty} \psi_{s+j} \psi_s \right]$$

$$+ (1 - \lambda) \lim_{T \to \infty} \left[\sigma_2^2 \sum_{s=0}^{t-j-\lambda T} \psi_{s+j} \psi_s + \sigma_1^2 \sum_{s=t-j-\lambda T+1}^{\infty} \psi_{s+j} \psi_s \right]$$

$$= \lambda \gamma_{1j} + (1 - \lambda)(\gamma_{2j} + \gamma_{1j}), \quad j = 0, 1, 2, \cdots$$

$$\pi_1 \equiv \sigma_1 \sum_{j=0}^{\infty} \psi_j = \sigma_1 \psi(1), \quad \pi_2 \equiv \sigma_2 \sum_{j=0}^{\infty} \psi_j = \sigma_2 \psi(1)$$

$$\xi_t \equiv u_1 + u_2 + \cdots + u_t, \quad t = 1, 2, \cdots, T$$

其中 $\xi_0 = 0$。则有

$$(a) \, T^{-1/2} \sum_{t=1}^{\lambda T} u_t \xrightarrow{L} \pi_1 W(\lambda)$$

$$(a\text{-}1) \, T^{-1/2} \sum_{t=\lambda T+1}^{T} u_t \xrightarrow{L} \pi_2 W(1) - \pi_2 W(\lambda)$$

$$(b) \, T^{-1/2} \sum_{t=1}^{\lambda T} u_{t-j} \varepsilon_t \xrightarrow{L} N(0, \, \lambda \cdot \sigma_1^2 \cdot \gamma_{10}), \quad j = 1, 2, \cdots$$

$$(b\text{-}1) \, T^{-1/2} \sum_{t=\lambda T+1}^{T} u_{t-j} \varepsilon_t \xrightarrow{L} N(0, \, (1-\lambda) \cdot \sigma_2^2 \cdot (\gamma_{20} + \gamma_{10})), \quad j = 1, 2, \cdots$$

$$(c) \, T^{-1} \sum_{t=1}^{\lambda T} u_t u_{t-j} \xrightarrow{p} \lambda \cdot \gamma_{1j}, \quad j = 0, 1, 2, \cdots$$

$$(c\text{-}1) \, T^{-1} \sum_{t=\lambda T+1}^{T} u_t u_{t-j} \xrightarrow{p} (1 - \lambda)(\gamma_{2j} + \gamma_{1j}), \quad j = 0, 1, 2, \cdots$$

$$(d) \, T^{-1} \sum_{t=1}^{\lambda T} \xi_{t-1} \varepsilon_t \xrightarrow{L} (1/2) \sigma_1 \cdot \pi_1 \cdot \{ [W(\lambda)]^2 - \lambda \}$$

$$= \sigma_1 \cdot \pi_1 \cdot \int_0^{\lambda} W(r) \, \mathrm{d}W(r)$$

$$(d\text{-}1) \, T^{-1} \sum_{t=\lambda T+1}^{T} \xi_{t-1} \varepsilon_t \xrightarrow{L} (1/2) \psi(1)$$

$$\{ [\sigma_2 W(1) + (\sigma_1 - \sigma_2) W(\lambda)]^2 - [\sigma_1 W(\lambda)]^2 - (1-\lambda) \sigma_2^2 \}$$

$$= \sigma_2 \cdot \int_{\lambda}^{1} [\pi_2 W(r) + (\pi_1 - \pi_2) W(\lambda)] \, \mathrm{d}W(r)$$

(e) $T^{-1}\sum\limits_{t=1}^{\lambda T}\xi_{t-1}u_{t-j}$

$$\xrightarrow{L}\begin{cases}(1/2)\{\pi_1^2[W(\lambda)]^2-\lambda\gamma_{10}\}\ ,\ j=0\\[2mm](1/2)\{\pi_1^2[W(\lambda)]^2-\lambda\gamma_{10}\}+\lambda(\gamma_{10}+\gamma_{11}+\gamma_{12}+\cdots+\gamma_{1,\,j-1})\ ,\\[2mm]\qquad\qquad\qquad j=1,\ 2,\ \cdots\end{cases}$$

(e-1) $T^{-1}\sum\limits_{t=\lambda T+1}^{T}\xi_{t-1}u_{t-j}\xrightarrow{L}$

$$\begin{cases}(1/2)\left\{\begin{array}{l}[\pi_2W(1)+(\pi_1-\pi_2)W(\lambda)]^2-\pi_1^2W(\lambda)^2\\[1mm]-(1-\lambda)(\gamma_{20}+\gamma_{10})\end{array}\right\}\ ,\ j=0\\[6mm](1/2)\left\{\begin{array}{l}[\pi_2W(1)+(\pi_1-\pi_2)W(\lambda)]^2-\pi_1^2W(\lambda)^2\\[1mm]-(1-\lambda)(\gamma_{20}+\gamma_{10})\end{array}\right\}\\[6mm]+(1-\lambda)(\gamma_{20}+\gamma_{21}+\cdots+\gamma_{2,\,j-1})+(1-\lambda)\\[2mm](\gamma_{10}+\gamma_{11}+\cdots+\gamma_{1,\,j-1})\ ,\ j=1,\ 2,\ \cdots\end{cases}$$

(f) $T^{-3/2}\sum\limits_{t=1}^{\lambda T}\xi_{t-1}\xrightarrow{L}\pi_1\int_0^\lambda W(r)\,\mathrm{d}r$

(f-1) $T^{-3/2}\sum\limits_{t=\lambda T+1}^{T}\xi_{t-1}\xrightarrow{L}\int_\lambda^1[\pi_2W(r)+(\pi_1-\pi_2)W(\lambda)]\,\mathrm{d}r$

(g) $T^{-(1/2+q)}\sum\limits_{t=1}^{\lambda T}t^q u_{t-j}\xrightarrow{L}\lambda^q\pi_1W(\lambda)-q\pi_1\int_0^\lambda r^{q-1}W(r)\,\mathrm{d}r$

$$=\pi_1\int_0^\lambda r^q\,dW(r),\ j=0,\ 1,\ 2,\ \cdots;\ q=1,\ 2,\ \cdots$$

(g-1) $T^{-(1/2+q)}\sum\limits_{t=\lambda T+1}^{T}t^q u_{t-j}\xrightarrow{L}\pi_2W(1)-\lambda^q\cdot\pi_2W(\lambda)-q\pi_2\int_\lambda^1 r^{q-1}W(r)\,\mathrm{d}r$

$$\xrightarrow{L}\pi_2\int_\lambda^1 r^q\,\mathrm{d}W(r),\ j=0,\ 1,\ 2,\ \cdots;\ q=1,\ 2,\ \cdots$$

(h) $T^{-2}\sum\limits_{t=1}^{\lambda T}\xi_{t-1}^2\xrightarrow{L}\pi_1^2\int_0^\lambda[W(r)]^2\mathrm{d}r$

(h-1) $T^{-2}\sum\limits_{t=\lambda T+1}^{T}\xi_{t-1}^2\xrightarrow{L}\int_\lambda^1[\pi_2W(r)+(\pi_1-\pi_2)W(\lambda)]^2\mathrm{d}r$

(i) $T^{-(3/2+q)}\sum\limits_{t=1}^{\lambda T}t^q\xi_{t-1}\xrightarrow{L}\pi_1\int_0^\lambda r^q W(r)\,\mathrm{d}r,\ q=1,\ 2,\ \cdots$

(i-1) $T^{-(3/2+q)} \sum\limits_{t=\lambda T+1}^{T} t^q \xi_{t-1} \xrightarrow{L} \int_{\lambda}^{1} r^q [\pi_2 W(r) + (\pi_1 - \pi_2) W(\lambda_1)] \, dr$,

$$q = 1, 2, \cdots$$

(j) $T^{-(2+q)} \sum\limits_{t=1}^{\lambda T} t^q \xi_{t-1}^2 \xrightarrow{L} \pi_1^2 \int_{0}^{\lambda} r^q [W(r)]^2 dr, \quad q = 1, 2, \cdots$

(j-1) $T^{-(2+q)} \sum\limits_{t=\lambda T+1}^{T} t^q \xi_{t-1}^2 \xrightarrow{L} \int_{\lambda}^{1} r^q [\pi_2 W(r) + (\pi_1 - \pi_2) W(\lambda_1)]^2 dr$,

$$q = 1, 2, \cdots$$

(k) $T^{-(v+1)} \sum\limits_{t=1}^{\lambda T} t^v \xrightarrow{L} \lambda^{(v+1)}/(v+1), \quad v = 0, 1, 2, \cdots$

(k-1) $T^{-(v+1)} \sum\limits_{t=\lambda T+1}^{T} t^v \xrightarrow{L} (1 - \lambda^{(v+1)})/(v+1), \quad v = 0, 1, 2, \cdots$

其中，$0 < \lambda \leq 1$，$\xrightarrow{L}$ 和 $\xrightarrow{p}$ 分别表示依分布收敛和依概率收敛。